Discurso e Ensino

Sílvia Helena Barbi Cardoso

Discurso e Ensino

3ª edição

autêntica

Copyright © 1999 Sílvia Helena Barbi Cardoso
Copyright © 1999 Autêntica Editora

Todos os direitos reservados pela Autêntica Editora. Nenhuma parte desta publicação poderá ser reproduzida, seja por meios mecânicos, eletrônicos ou em cópia reprográfica, sem a autorização prévia da Editora.

REVISÃO
Alexandra Costa da Fonseca
Rosemara Dias Santos

CAPA
Jairo Alvarenga Fonseca

DIAGRAMAÇÃO
Waldenia Alvarenga Santos Ataide

        Cardoso, Sílvia Helena Barbi
C268d   Discurso e ensino / Sílvia Helena Barbi Cardoso , – 3. ed. – Belo Horizonte : Autêntica Editora, 2014.
        168p.

        ISBN 978-85-86583-53-7

        1.Discurso. I.Título

                                  CDU: 82-5

 GRUPO **AUTÊNTICA**

Belo Horizonte
Rua Aimorés, 981, 8° andar
Funcionários - Belo Horizonte - MG
30140-071
Tel.: (55 31) 3214-5700

Televendas: 0800 283 1322
www.autenticaeditora.com.br

São Paulo
Av. Paulista, 2.073, Conjunto Nacional,
Horsa I - 23° andar, Conj. 2301
Cerqueira César - São Paulo - SP
01311-940
Tel.: (55 11) 3034-4468

Analisar o discurso é fazer desaparecer e reaparecer as contradições; é mostrar o jogo que jogam entre si; é manifestar como pode exprimi-las, dar-lhes corpo, ou emprestar-lhes uma fugidia aparência.

Foucault

SUMÁRIO

Introdução..9

PARTE I — CONSIDERAÇÕES TEÓRICAS

Linguagem, língua, fala e discurso......................................15

O conceito de linguagem e a nova prática pedagógica.....27

Texto, discurso, enunciado e enunciação...........................35

As condições de produção do discurso pedagógico e a constituição de sujeitos..49

Intertextualidade e interdiscursividade..............................61

Heterogeneidade discursiva mostrada................................65

Heterogeneidade constitutiva...85

PARTE II — ANÁLISE DE TEXTOS

O discurso da propaganda..93

Diálogo e dialogismo...99

O discurso autoritário..107

Interdiscursividade, intertextualidade e novos sentidos......113

Discurso literário e heterogeneidade................................119

Heterogeneidade mostrada..125

Heterogeneidade mostrada e constitutiva.........................135

Considerações finais..143

Anexos..147

Referências...165

INTRODUÇÃO

Os Parâmetros Curriculares Nacionais de Língua Portuguesa nos advertem para o fato de que os índices brasileiros de repetência estão diretamente relacionados com a dificuldade que a escola tem de ensinar a ler e a escrever; dificuldade não só de alfabetizar, mas também de garantir o uso eficaz da linguagem em todos os níveis. A reestruturação do ensino de Língua Portuguesa, tornada necessária em virtude da dificuldade apontada acima e proposta pelos Parâmetros, visa encontrar formas de garantir a aprendizagem da leitura e da escrita.

Uma proposta de mudança na forma de compreender a linguagem e o seu processo de aprendizagem iniciou-se de fato a partir da década de 80 com a iniciativa de pesquisadores de algumas universidades do país, de educadores e de algumas Secretarias de Educação dos Estados. Pretendia-se superar o impasse desencadeado pela prática educativa anterior, que vinha dominando nossas escolas desde o início dos anos 70. Um ensino de caráter essencialista, conteudista, tecnicista e limitado à descontinuidade e fragmentariedade do livro didático — resumindo-se a técnicas de redação, exercícios estruturais, treinamento de habilidades de leitura —, dominava não só as escolas como também o processo de formação de professores.

Essa prática tinha subjacentes teorias linguísticas tributárias ao estruturalismo saussureano e à Teoria da Comunicação, as quais priorizam o sistema linguístico sincrônico em detrimento dos fatores ligados à enunciação e à realidade social, e fazem da língua um mero instrumento de comunicação. Por outro lado, essas teorias jamais ofereceram um dispositivo pedagógico que substituísse a gramática tradicional, hegemônica até a década de 60, tratada com desconfiança pelos educadores a partir dos anos 70, embora exigida em alguns vestibulares até os dias de hoje.

Considerando que as condições atuais permitem repensar o ensino de *língua* e *linguagem*, os Parâmetros — que se dizem "uma síntese do que foi possível aprender e avançar" a partir da década de 80, "em que a democratização das oportunidades educacionais começa a ser levada em consideração, em sua dimensão política, também no que diz respeito aos aspectos intra-escolares" — tomam *o texto* como o ponto de partida e de chegada de todo o processo ensino/aprendizagem e, com essa tomada de posição, esperam que se possa de fato reverter a situação catastrófica em que se encontra o ensino de língua materna em nossas escolas.

Estamos convencidos de que a dificuldade que a escola tem de alfabetizar e garantir o uso eficaz da linguagem em todos os níveis é, sim, decorrente de concepções equivocadas sobre *língua*, *linguagem* e *ensino de língua*. Uma mudança de conteúdos em nossas escolas do ensino fundamental e médio deve acontecer somente quando finalmente modificarmos nossa concepção de linguagem e de ensino/aprendizagem; quando conseguirmos entender que a linguagem é um modo de produção social, envolvendo interlocutores e contexto, e que a sala de aula é um lugar privilegiado dessa produção. Que somente se aprende uma língua produzindo textos e discursos.

Todavia estamos também convencidos de que o equívoco que paira sobre o que é a língua, a linguagem e o ensino de língua, é apenas *em parte* responsável pela dificuldade de levar o aluno ao domínio do uso eficaz da linguagem, porque não podemos ignorar os problemas de ordem política, econômica e social, que são determinantes dos problemas educacionais neste país. Sem um sistema educacional adequado e sem uma vontade política de acabar com as desigualdades sociais no Brasil, na qual se deve incluir um plano de valorização do magistério, uma nova proposta curricular não passará de palavras novas para resguardar o velho objetivo de reprodução social.

Isso não implica que nós, professores, educadores e estudiosos da linguagem, não devamos continuar fazendo a nossa parte. As ciências da linguagem têm saído de uma posição meramente crítica para apresentar propostas para a reestruturação no ensino/aprendizagem de língua portuguesa.

Sem a pretensão de apresentarmos uma proposta de reestruturação, procuramos, neste trabalho, de uma forma bastante modesta, trazer para os professores do ensino fundamental e médio algumas contribuições da Análise do Discurso de linha francesa, compatibilizadas com a Linguística da Enunciação e associadas à visão sociointeracionista de Bakhtin. Estamos plenamente conscientes do risco que estamos correndo, próprio das condições de produção deste discurso de divulgação e de vulgarização de conceitos científicos.

A primeira e maior dentre as contribuições da Análise do Discurso para com o ensino é fazer compreender que a linguagem, por realizar-se na interação verbal entre locutores socialmente situados, não pode ser considerada independente da sua situação concreta de produção. Todas as práticas pedagógicas que envolvem a produção da linguagem colocam em relação, nas mais variadas situações discursivas, três elementos: interlocutores, enunciado e mundo. Nesse sentido, falar, ler, escrever, citar, analisar, reproduzir, repetir, resumir, criticar, narrar, imitar, parafrasear, parodiar etc. são práticas em que a *linguagem enquanto discurso* materializa o contato entre o linguístico (a língua enquanto um sistema de regras e de categorias) e o não linguístico (um lugar de investimentos sociais, históricos, ideológicos, psíquicos), por meio de sujeitos interagindo em situações concretas.

Nesse enfoque da linguagem, que se pode dizer *sociohistórico*, o que se visa não são apenas as formas de organização dos elementos que constituem o texto, mas também as formas de instituição de seu sentido, ou seja, as *condições de produção do discurso*.

Não se trata de discutir as questões teóricas da Análise do Discurso no ensino fundamental e médio, ou seja, de introduzir uma teoria do discurso na sala de aula. Os conceitos da Análise do Discurso não devem ser transformados em "matéria" a ser ensinada em nossas escolas, em substituição aos conteúdos já estabelecidos. Transformar a questão do discurso em "pontos", em "matéria", seria certamente um grande desastre, possivelmente um desastre até mesmo maior que os anteriores.

Esperamos que, com este trabalho, não estejamos provocando apenas a mudança de um discurso por outro, mas colaborando, mesmo que muito modestamente, com um projeto educativo realmente comprometido com a garantia de que o aluno se torne cada vez mais capaz de interpretar textos que circulam socialmente, e de produzir os seus próprios textos nas mais variadas situações discursivas.

PARTE I

CONSIDERAÇÕES TEÓRICAS

LINGUAGEM, LÍNGUA, FALA E DISCURSO

A LÍNGUA

A língua como sistema de signos e instrumento externo de comunicação

A *língua*, desde o *Curso de linguística geral* de Saussure (1916), tem sido concebida como um sistema de signos, em que cada signo é constituído de um *significante* e de um *significado* e da relação arbitrária entre esses dois elementos. A língua constitui ainda *uma teia de relações* entre esses elementos linguísticos formando um sistema, um conjunto solidário em que cada um dos elementos componentes só se pode definir *relativamente* aos outros com os quais forma sistema. Sendo um fato social, sua existência fundamenta-se nas necessidades de comunicação.

A língua, para Saussure, é um fato social porque pertence a todos os membros de uma comunidade, é exterior ao indivíduo, e esse não pode nem criá-la nem modificá-la. A língua é passível de fixação e sistematização em dicionários e gramáticas. É um patrimônio extenso e ninguém a possui na sua totalidade. Cada falante retém uma parte do sistema, que não existe perfeito em nenhum indivíduo.

Embora tenha reconhecido o caráter dual da linguagem, constituída de uma instância subjetiva (a fala) e de uma instância objetiva (a língua), Saussure priorizou a língua, deixando a fala à marginalidade.

Esse corte saussureano vai ser decisivo para os rumos da Linguística da primeira metade do século XX, em que a língua, como sistema, reinou soberana. Somente com o advento da Linguística da Enunciação, procurar-se-á restituir aos estudos da linguagem aquilo que lhe estava faltando: a instância que coloca o propriamente linguístico em conexão com os enunciadores e o mundo.

A língua como expressão do pensamento

A concepção de língua como um instrumento de comunicação representou um rompimento com a Gramática de Port-Royal (1612-1694), para a qual a linguagem é a expressão do pensamento. Port-Royal tem sido considerada a mais expressiva contribuição da França para com os estudos linguísticos e a análise da linguagem em geral, tendo sua importância sido superada somente por Saussure. Trata-se de um ramo de estudos implantado e naturalizado em Port-Royal no século XVII, que serviu de modelo para as gramáticas filosóficas dos séculos posteriores.

Partindo da hipótese que a natureza da linguagem é racional, porque os homens pensam conforme as mesmas leis e que a linguagem expressa esse pensamento, Port Royal nos legou uma gramática que consolida a tradição gramatical construída desde Platão. Ao mesmo tempo, essa gramática se fundamenta no cartesianismo filosófico do século XVII, ou seja, no que havia de mais moderno na época. Todas as categorias que constituem a gramática geral das línguas ou as particulares (o francês, o alemão etc.) são explicadas pelo princípio segundo o qual *a linguagem é a representação do pensamento*, princípio que vinha sustentando toda a tradição gramatical desde os gregos, passando para os latinos e os medievais. Essa tradição pode-se dizer lexiológica, porque sempre privilegiou as "partes do discurso".

O rompimento de Saussure com Port-Royal é sobretudo uma quebra com o que havia de racional ou de lógico nessa concepção de linguagem como representação, com a crença de que por meio de uma gramática *universal* é possível definir "a marcha necessária e natural do espírito".

Muitos consideram o gerativismo chomskyano, que originou uma verdadeira revolução nos estudos linguísticos deste século, depois de Saussure, um retorno a estágios mais antigos do pensamento linguístico, uma continuidade do estudo gramatical tradicional, sobretudo dos estudos gramaticais de Port-Royal, dada a concepção de linguagem como expressão do pensamento e a procura chomskyana pela determinação de uma gramática universal. Entretanto, para os gramáticos de Port-Royal, como para os do século XVIII, as categorias linguísticas universais eram lógicas, explicadas na própria natureza, ou seja, numa lógica extralinguística. Para Chomsky (1965), as propriedades linguísticas universais são parte da faculdade da linguagem, constituindo um componente da mente humana submetido a princípios independentes da lógica e da informação extralinguística em geral.

O conceito de língua de Chomsky se difere do de Saussure sobretudo porque, para este último, a língua é um patrimônio de toda uma comunidade e não de cada falante, que retém apenas uma parte do sistema; para Chomsky, cada falante retém a gramática de sua língua, graças a sua *competência linguística*. A competência do falante deve ser entendida como a capacidade de produzir, por intermédio de meios finitos (conjunto finito de regras), um conjunto infinito de frases. O conceito de *performance* de Chomsky é, no entanto, bastante próximo do conceito de *fala* de Saussure, a ser tratado mais à frente.

Mesmo em trabalhos mais recentes (CHOMSKY, 1981), o essencial permanece: a preocupação em descrever e explicar a língua — um sistema com uma estrutura própria — como um processo mental, parte do sistema cognitivo do ser humano. A Gramática Universal ainda é a grande meta, só que agora já se considera que seus princípios gerais, tal como foram propostos na teoria padrão (CHOMSKY, 1965), não dão conta da diversidade linguística, isto é, da diversidade das gramáticas específicas ou particulares das várias línguas. Propõe-se que esses princípios contenham parâmetros com diferentes valores a serem fixados pelas diversas línguas.

A língua como estrutura

A noção de estruturalismo linguístico e de estrutura, que está intimamente ligada à de "relação" no interior do sistema, aparece a partir de 1928 e 1929 nas teses dos primeiros fonologistas que inauguraram as atividades do Círculo Linguístico de Praga e que tinham como fundamento as ideias de Saussure e de Baudoin de Courtenay.

É contudo com a Escola de Copenhague, que o estruturalismo linguístico atingiu sua mais radical expressão. É o desdobramento da Linguística saussureana que leva às últimas consequências a tese de Saussure de que a linguagem é forma e não substância, ou seja, de que não há nada de substancial na língua.[1]

A língua é comparável a um jogo: compõe-se de peças (elementos constitutivos) e de regras. As peças são isoláveis, cada qual dotada de um sentido e articuladas segundo um código. A chave da *estrutura* está em se isolarem os elementos constitutivos de um conjunto finito e estabelecerem-se as leis de combinação desses elementos. O princípio fundamental é a predominância do sistema sobre os elementos, ou seja, o destaque da estrutura do sistema por meio da relação entre os elementos constitutivos.

A língua como um sistema funcional

Para o Círculo Linguístico de Praga, a língua é considerada, ao mesmo tempo, estrutura e função, sendo esta última tida como algo inerente ao próprio sistema, ou seja, enquadrando-se dentro do jogo de diferenças de que se constitui o sistema linguístico.

Devido ao empréstimo de noções da Teoria da Comunicação, a dicotomia saussureana língua/fala é repensada em termos de *código/mensagem*. Os praguenses consideram a língua em uso, ou seja, as condições do exercício social da linguagem. Daí a importância de noções como "comunicação", "intenção", "função social", "atos de fala" etc. A significação, na perspectiva desses estudiosos, se desloca à medida que já não vai mais ser buscada nas propriedades formais das expressões linguísticas, mas nas necessidades, funções e condições da comuni-

---

[1] Não se pode ignorar também a expressão radical do estruturalismo norte-americano, da escola de Bloomfield, o qual, segundo alguns, teria tido origem independente da Linguística inaugurada por Saussure, o que em até certo ponto é questionável, já que Bloomfield conhecia Saussure.

cação, ou seja, da linguagem em uso, em condições adequadas, que envolve contextos e enunciadores interagindo entre si, com o mundo e com uma cultura.

As três funções da linguagem, tal como primeiramente Bühler as concebe, de *representação* (ou de símbolo), *expressão* (ou de sintoma) e *apelo* (ou de sinal), são noções semânticas. No ato de discurso, o enunciado desempenha as três funções à medida que se relaciona com o estado de coisas de que se fala (representação), com aquele que fala (expressão) e aquele a quem se fala (apelo).

No trabalho de Jakobson (1963), as funções são projetadas para a comunicação e se desmembram em seis, que correspondem aos seis fatores envolvidos no ato da comunicação verbal: a) *um remetente* (emissor ou destinador de signos); b) *uma mensagem* (alude a um contexto); c) *um destinatário* (ouvinte ou receptor de signos); d) *um canal* (por meio do qual a mensagem passa do emissor ao receptor, cuja finalidade é transmitir um conteúdo intelectual, exprimir ou ocultar emoções e desejos, hostilizar ou atrair pessoas, incentivar ou inibir contatos, evitar o silêncio); e) *um código* (parcialmente comum ao emissor e ao receptor); f) *um contexto* ("designatum", puramente conceptual e não físico, chamado impropriamente de "referente" ou "denotatum").

Cada mensagem pode englobar, como ato concreto da atualização das possibilidades previstas no código, várias funções da linguagem. Em qualquer mensagem, normalmente aparece um feixe de funções que, segundo Jakobson, não é uma acumulação, pois o falante pode fazer ressaltar um dos seis fatores envolvidos no processo da comunicação, dando-lhe uma ênfase maior. Há, pois, uma hierarquia de funções implicada em cada mensagem, e é sempre importante saber qual é a função primária e quais são as secundárias. Daí a classificação das funções de acordo com o fator que se destaca no ato da comunicação: a) *referencial*: ênfase no contexto; b) *emotiva*: ênfase no remetente; c) *conativa*: ênfase no destinatário; d) *fática*: ênfase no contato; e) *metalinguística*: ênfase no código; f) *poética*: ênfase na mensagem.

Em Halliday (1973, 1976), o qual diz adotar uma orientação verdadeiramente linguística, se encontra uma expressão mais moderna da questão da relação entre sistema linguístico e funções. São três as funções, segundo Halliday, determinantes da estrutura da linguagem:

a *ideacional*, a *interpessoal* e a *textual*. A primeira (ideacional) refere-se ao que é comumente chamado de "sentido cognitivo" ou "conteúdo proposicional" de orações; a segunda (interpessoal) diz respeito às distinções como as de "modo" ou "modalidade" (isto é, as diferenças entre afirmações, perguntas e ordens); e a terceira (textual) refere-se ao modo pelo qual a estrutura gramatical e entonacional das orações as relaciona umas com as outras em textos contínuos e nas situações em que são usadas.

A grande novidade está na função textual, que tem a ver com o estabelecimento de vínculos da linguagem com ela própria e com as características da situação em que é usada. Essa função permite ao falante e ao ouvinte construir "textos", ou passagens encadeadas de discurso que sejam situacionalmente apropriadas; ela capacita o leitor a distinguir um texto de um conjunto aleatório de orações. Um aspecto dessa função é estabelecer, num discurso, relações coesivas entre uma oração e outra.

A FALA

A *fala* é concebida por Saussure como ato linguístico individual, material, concreto, psicofísico, dependente da vontade e da inteligência do indivíduo (portanto, subjetivo), um impulso expressivo, ato inovador (lugar da liberdade), acessório e mais ou menos acidental. Com essas qualidades, a fala não é passível de sistematização ou de constituir num objeto de ciência.

A prática discursiva das ciências e disciplinas do século XX sempre rejeitou objetos subjetivos e individuais. A própria Linguística somente se organizou como ciência graças à marginalização da fala e de todos os fatores subjetivos e individuais da linguagem. Embora reconhecendo a necessidade de uma "Linguística da Fala", ao lado de uma "Linguística da Língua", Saussure declarou que se ocuparia tão somente da segunda, por ser a língua o verdadeiro objeto da Linguística. A fala, tal como foi concebida por Saussure, jamais saiu da marginalidade. Não se pode dizer que o discurso seja a reabilitação da fala, pois ele constitui um terceiro elemento: nem a língua nem a fala.

O DISCURSO

Não se pode dizer que o *discurso* se confunde com a fala. Concebido fora da dicotomia saussureana, como um terceiro elemento (nem a língua nem a fala), o discurso é fruto do reconhecimento de que a linguagem tem uma dualidade constitutiva e que a compreensão do fenômeno da linguagem não deve ser buscada apenas na língua, sistema ideologicamente neutro, mas num nível situado fora do polo da dicotomia língua/fala. Em outras palavras, ao mesmo tempo que a linguagem é uma entidade formal, constituindo um sistema, é também atravessada por entradas subjetivas e sociais. O discurso é, pois, um lugar de investimentos sociais, históricos, ideológicos, psíquicos, por meio de sujeitos interagindo em situações concretas.

Da enunciação ao discurso

O interesse pelo discurso se acentuou, no Ocidente, com o advento da Linguística da Enunciação. A língua, concebida como sistema ou estrutura, em que os valores são relativos e diferenciais, bloqueava todo o processo de significação e de mudança linguística. Faltava à Linguística um dispositivo que colocasse a língua em processo, em funcionamento, libertando-a do fechamento e da imobilidade da estrutura. A *enunciação* respondeu a essa busca de promover a abertura e a mobilidade do sistema.

A Linguística da Enunciação teve como precursores no Ocidente Jakobson e Benveniste. A linguagem, na perspectiva da Linguística da Enunciação, deixa de ser vista apenas como instrumento externo de comunicação e de transmissão de informação, para ser vista como uma forma de atividade entre os protagonistas do discurso. As formas da língua se oferecem aos falantes como virtualidades — que poderão ser colocadas em ação quando por eles agenciadas nos atos de enunciação, o que equivale a dizer que, sem esta, a língua é apenas uma possibilidade.

Em outras palavras, pode-se dizer que, como forma, a língua constitui uma estrutura, mas como funcionamento, a língua se transforma em discurso, que é o fenômeno temporal da troca, do estabelecimento do diálogo, é a manifestação interindividual da enunciação, é o seu produto.

A Linguística da Enunciação teve, pois, o grande mérito de tirar a linguagem da clausura do sistema. A enunciação fica, porém, na perspectiva de Benveniste (1974), circunscrita ao espaço do subjetivo e do individual, já que, para ele, a enunciação é o ato *individual* de colocar a língua em funcionamento, ou de transformá-la em discurso, que nesse sentido, acaba sendo concebido como um "produto subjetivo e individual", ficando muito próximo do conceito de fala de Saussure. Essa dimensão individual e subjetiva atribuída ao discurso vai ser contestada pela Análise do Discurso, disciplina que, conforme veremos a seguir, tem como objeto o discurso, considerado como uma instância integralmente histórica e social.

Foucault (1969) concebe o *discurso* dentro de uma teoria não subjetivista da enunciação, como "um conjunto de enunciados na medida em que se apoiem na mesma formação discursiva", um conjunto limitado de enunciados para os quais podemos definir um conjunto de condições de existência (discurso clínico, discurso psiquiátrico, discurso pedagógico etc.); um espaço de regularidades associadas a condições de produção. Foucault (1971) concebe ainda o discurso como um jogo estratégico de ação e reação, de pergunta e resposta, de dominação e esquiva, e também de luta; "o espaço em que o **saber** e o **poder** se articulam, pois quem fala, fala de algum lugar, a partir de um direito reconhecido institucionalmente".

Esse discurso, que passa por verdadeiro e que veicula saber (o saber institucional), é gerador de poder. A geração desse discurso gerador de poder é controlada, selecionada, organizada e distribuída por certos procedimentos que têm por função eliminar toda e qualquer ameaça à permanência desse poder.

O discurso, segundo Foucault, é atravessado não pela unidade do sujeito, mas pela sua dispersão. Diferentes indivíduos podem ocupar o lugar de sujeito no discurso, que não é, pois, um Ego todo-poderoso, senhor do seu discurso, fonte poderosa de sua palavra; é um sujeito descentrado, que cinde em muitos porque é partícula de um corpo histórico-social.

O discurso, em última análise, é uma "prática" (prática regulamentada dando conta de um certo número de enunciados), entendendo-a como a existência objetiva e material de certas regras às quais o sujeito tem de obedecer quando participa do "discurso". As normas dessa prática são "regras" ou "regularidades".

Prática discursiva é, para Foucault, "um conjunto de regras anônimas, históricas, sempre determinadas no tempo e no espaço, que definiram, em uma dada época e para uma determinada área social, econômica, geográfica ou linguística, as condições do exercício da função enunciativa". É, assim, a regra que ordena toda formação discursiva.

Pelo que se pode depreender pelas colocações acima, a preocupação de Foucault não é exatamente com o discurso de nossas trocas diárias, do cotidiano, mas com os "grandes discursos", os discursos das instituições.

O discurso, tal como é concebido por Foucault, torna-se o objeto da Análise do Discurso de linha francesa (AD), disciplina que nasceu no final da década de 60, sob a liderança de Michel Pêcheux, como uma proposta interdisciplinar, unindo três áreas do conhecimento: a Linguística, o Materialismo Histórico e a Psicanálise.

Propondo-se ir além da distinção saussureana — *língua* (sistema abstrato) e *fala* (realização concreta e individual) —, a AD tem como grande meta os *processos discursivos* inscritos em relações ideológicas, ou seja, o ponto em que se articula um funcionamento discursivo e sua inscrição histórica. Pode-se dizer, pois, que os conceitos nucleares da AD são *discurso* — "uma dispersão de textos cujo modo de inscrição histórica permite defini-lo como um espaço de regularidades enunciativas" (MAINGENEAU, 1987) — e *ideologia*.

Em outras palavras, a AD se preocupa com as condições de "enunciabilidade" do discurso, ou o fato de que tenha sido objeto de atos de enunciação por um conjunto de indivíduos. A "enunciabilidade", que condiciona toda a estrutura do discurso, faz com que se considere o discurso ao mesmo tempo como enunciado e enunciação, como dito e dizer.

A LINGUAGEM

Todas as abordagens que mencionamos conservam de alguma forma o gesto de Saussure ao considerar na linguagem uma dualidade fundamental: língua/fala, código/mensagem, competência/performance, língua/discurso. Se contestam o objeto da Linguística colocado por Saussure, nunca o fazem de uma maneira radical. Mesmo quando buscam no objeto da Linguística, a parte marginalizada por Saussure, a linguagem continua a ser concebida como uma entidade de duas faces: uma formal, constituída pelo "núcleo duro" da língua (o sistema abstrato das formas) e uma outra por meio da qual a linguagem se relaciona com o mundo pela ação dos falantes.

A linguagem como processo de interação verbal

Essa dualidade fundamental da linguagem, que nasce da oposição saussureana língua/fala, foi contudo duramente contestada pelo filósofo soviético Bakhtin, já no final da década de 20. A oposição que Bakhtin (1929) faz a Saussure é radical, se levarmos em conta que a linguagem, para esse filósofo, não se divide em duas instâncias, língua e fala, ou língua e discurso, ou ainda competência e performance. A *enunciação*, "a verdadeira substância da língua", é, para Bakhtin, *a síntese do processo da linguagem*, o conceito-chave para se entender os processos linguísticos.

Assim como Saussure, Bakhtin parte do princípio de que a língua é um fato social cuja existência funda-se nas necessidades de comunicação. No entanto, afasta-se de Saussure ao ver a língua como algo concreto, fruto da manifestação interindividual entre os falantes, valorizando, assim, a manifestação concreta da língua e não o sistema abstrato de formas. Essa manifestação não é *fala* de Saussure, porque é eminentemente *social*.

Para Bakhtin, o que de fato existe é o *processo* linguístico, sendo a enunciação o motor da língua: "a língua vive e evolui historicamente na comunicação verbal concreta, não no sistema linguístico abstrato das formas da língua nem no psiquismo individual dos falantes". A língua constitui um processo de evolução ininterrupto, ou seja, um *processo de criação contínua* que se realiza pela *interação verbal social* dos locutores. Em outras palavras, a língua é uma atividade, um processo criativo, que se materializa pelas enunciações. A realidade essencial da linguagem é seu caráter dialógico.

Sendo a realidade essencial da linguagem seu caráter dialógico, a categoria básica da concepção de linguagem em Bakhtin é a *interação*. Toda enunciação é um diálogo; faz parte de um processo de comunicação ininterrupto. Não há enunciado isolado; todo enunciado pressupõe aqueles que o antecederam e todos os que o sucederão. Um enunciado é apenas um elo de uma cadeia, só podendo ser compreendido no interior dessa cadeia. Toda palavra, nesse sentido, já é uma contrapalavra, uma resposta.

O dialogismo, que é, para Bakhtin, a condição de existência do discurso, é duplo: ao mesmo tempo que é lei do discurso constituir-se sempre de "já ditos" de outros discursos (as palavras são sempre, inevitavelmente, "palavras de outrem"), o discurso não existe independentemente daquele a quem é endereçado, o que implica que a visão do destinatário é incorporada e determinante no processo de produção do discurso.

O conceito de *interação* é constitutivo dos sujeitos e da própria linguagem. A palavra é ideológica, ou seja, a enunciação é ideológica. É no fluxo da interação verbal que a palavra se concretiza como signo ideológico, que se transforma e ganha diferentes significados, de acordo com o contexto em que ela surge. Cada época e cada grupo social têm seu repertório de formas de discurso que funciona como um espelho que reflete e refrata o cotidiano. A palavra é a revelação de um espaço no qual os valores fundamentais de uma dada sociedade se explicitam e se confrontam.

Os estudos de Bakhtin no Ocidente, principalmente a partir da década de 70, vão influenciar as pesquisas atuais voltadas para a problemática da enunciação. Com base nessas pesquisas, não é mais possível dizer que a enunciação é um ato individual de utilização da língua por um locutor. Ela é eminentemente social.

O CONCEITO DE LINGUAGEM E A NOVA PRÁTICA PEDAGÓGICA

Dentre as visões da lingua(gem) acima apresentadas, acredita-se hoje que a linguagem como interação tem maior possibilidade de fundamentar uma prática pedagógica que visa, como bem expressam os Parâmetros, "a encontrar formas de garantir a aprendizagem da leitura e da escrita".

A busca de uma nova prática pedagógica, fundamentada numa visão sociointeracionista de linguagem, iniciou-se já na década de 80, quando começaram a surgir no país, nas Secretarias de Educação dos Estados, propostas curriculares, planos ou programas bastante inovadores, de certa forma como uma resposta ao trabalho pioneiro de alguns pesquisadores e especialistas de algumas universidades do país.

Examinando 14 dessas propostas, Geraldi et alii (1996) encontraram mais aproximações do que diferenças entre elas. Nos 14 documentos analisados, contrapõe-se uma visão que apregoava a unidade da língua portuguesa em todo o território nacional (visão que se pode dizer hegemônica até a década de 70) a uma nova visão que reconhece a diversidade do português em diversos níveis.[1]

Em todos os documentos revela-se o despreparo da escola para enfrentar o problema da variação linguística e a preocupação de

---

[1] De acordo com as teses da Sociolinguística Variacionista, deve-se considerar a língua, em qualquer momento da sua história, como um sistema em pleno funcionamento, um sistema heterogêneo que apresenta formas residuais do passado mais remoto contracenando com formas inovadoras do futuro.

tomar medidas urgentes: 1. a língua falada em um país não é um sistema homogêneo, mas um complexo de variedades determinadas por fatores sociais, regionais e situacionais; 2. a democratização do ensino no Brasil revelou que a língua portuguesa é constituída de uma variedade que abrange aspectos de pronúncia, de vocabulário, de sintaxe e de modos de organizar e representar a realidade; 3. a escola não está preparada para essa diversidade; 4. a escola tem por função ensinar a variedade socialmente privilegiada, ao mesmo tempo que deve respeitar as variedades de menor prestígio dominadas pelos alunos; 5. ensinar a variedade socialmente privilegiada implica levar o aluno ao domínio da norma padrão e culta, dando-lhe condições de responder às exigências do texto escrito; 6. as variedades de menor prestígio social são resultado de um trabalho social e histórico, por isso não podem ser consideradas "erradas" ou "inferiores"; 7. o domínio da língua culta pelo aluno deve somar-se ao domínio que este já tem de sua variedade de origem, naturalmente adquirida; 8. sem o domínio da língua culta pelas camadas socialmente desfavorecidas, torna-se impossível a democratização do acesso a bens culturais e à participação política; 9. as variedades linguísticas devem ser utilizadas, de maneira diferenciada, de acordo com a situação de comunicação; 10. deve-se partir da experiência do aluno, valorizando-se primeiro sua variedade linguística e sua cultura, para em seguida levá-lo ao acesso da língua padrão.

 A reestruturação no ensino de língua portuguesa tem sido defendida, então, entre outras razões, por considerar a necessidade de nossas escolas de se adequar a uma nova realidade, ocasionada, entre outros fatores, pela expansão ampla do ensino fundamental nas últimas décadas. Essa expansão trouxe como consequência o fato de que nossa escola deixou de ser uma escola de elite para incorporar contingentes de todas as classes sociais, inclusive da baixa. Daí a necessidade de a escola se preparar melhor para receber essa clientela, por meio da mudança de currículos, de materiais didáticos e da postura do professor.

 Destacamos aqui, muito resumidamente, com respeito à concepção de linguagem explicitada nos documentos, alguns dos pontos apontados por Geraldi como sendo comuns às propostas examinadas: 1. a interação verbal é fonte primeira da constituição da própria linguagem; 2. quer na modalidade oral, quer na escrita, a interação verbal é o meio pelo qual adquirimos a linguagem; 3. a linguagem só tem existência efetiva na interação; 4. é na interação com o outro que nos constituímos como sujeitos do nosso discurso; 5. é preciso que, na escola, se trabalhe a linguagem em situações autênticas, isentas de todo e qualquer artificialismo; 6. a escola deve possibilitar vivências em que se deixe transparecer o caráter natural e espontâneo da linguagem; 7. o aluno deve ser assumido como um interlocutor de fato; 8. a linguagem é um espaço privilegiado para a criação de compromissos antes inexistentes; 9. por meio da linguagem, o aluno cria compromissos com o professor e este com o aluno; 10. é no processo de interação que se dá a relação professor-aluno; 11. cabe à escola devolver a palavra ao aluno; 12. a linguagem organiza nossa atividade mental e articula nossa visão de mundo; 13. o diálogo é elemento inseparável e constitutivo da linguagem, pois sempre falamos ou escrevemos a alguém, ou seja: a um interlocutor, virtual ou não; 14. os interlocutores se constituem mutuamente, pois condicionam o dizer e a forma de dizer; 15. a linguagem é trabalho, resultado de um processo das atividades humanas, sociais e históricas dos sujeitos; 16. todo sujeito é mergulhado no social e na contradição que o envolve, ou seja, é historicamente situado.

Como decorrência desses valores, o texto passa a ser considerado o centro de todo o processo ensino/aprendizagem de língua materna. O "conteúdo" a ser trabalhado na sala de aula é a própria linguagem, por intermédio de três práticas interdependentes: leitura, produção de texto e análise linguística.

Vejamos alguns dos enunciados que revelam essa prioridade dada ao texto já nas iniciativas das Secretarias de Educação, precursoras das Propostas Curriculares Nacionais: 1. todo o programa de língua portuguesa se organiza em práticas e não em conteúdos; 2. o texto determinará as atividades linguísticas; 3. o conteúdo de língua portuguesa é a própria língua; 4. o objetivo para todo o primeiro grau é que o aluno seja capaz de ler e escrever, dominando a modalidade escrita do português padrão; 5. a sistematização gramatical será uma decorrência de atividades de uso da linguagem e de atividades de operação e reflexão; 6. deve-se priorizar a leitura, a produção de textos e a análise de fatos linguísticos por meio de uma abordagem contextualizada e voltada às reais necessidades de uso da língua, em situações diversas da vida; 7. as práticas de leitura, de produção de textos e de análise linguística são interdependentes; 8. a análise linguística estará sempre em função da leitura e da produção de textos; 9. a gramática normativa não deve ser priorizada, pois apresenta conteúdos gramaticais de maneira desvinculada do uso, a partir de nomenclaturas, regras e classificações que em nada ampliam a capacidade comunicativa e crítica dos alunos.

Como nos fazem ver Geraldi et alii (1996), esses documentos, representativos de uma época, embora revelem um nível próprio da divulgação e da vulgarização de conceitos científicos, se apoiam na Linguística da Enunciação, cujas posições por elas defendidas associam-se às noções próprias da concepção sociointeracionista de linguagem (marxismo bakhtiniano e vygotskyano), certos conceitos cunhados no interior da Linguística Textual, como "coesão", "coerência", "textualidade", "intertextualidade", "informatividade", e ainda conceitos cunhados na Análise do Discurso de linha francesa, os quais, no dizer de Geraldi, acabam sendo "compatibilizados" à força ou mesmo inconscientemente, e ainda conceitos da Sociologia da Linguagem.

Todavia, essa proposta de fazer do texto o início e o fim de todo o processo ensino/aprendizagem, embora não seja algo inteiramente novo, tem esbarrado em algumas dificuldades ou equívocos, não só da parte dos professores em sua prática, mas da parte de alguns estudiosos.

O que nos parece certo é que muitos professores ainda se encontram bastante desorientados na prática de sala de aula. Muitos se sentem "sem conteúdo", uma vez que o ensino da gramática normativa já não é prioridade. Para sair do impasse do "não se tem mais o que ensinar", alguns usam o texto para ensinar regras de gramática; outros substituem o "conteúdo" da gramática normativa pelo "conteúdo" de uma verdadeira "gramática de texto", montando baterias de exercícios que valham para qualquer texto, procurando apreender aquilo que é estrutural. A maioria prioriza as questões internas do texto, como as de coesão e sequencialidade, deixando de lado o sentido do texto, as condições de produção do discurso, o que pode ser considerado (por que não dizer?) uma resposta a certos manuais de divulgação que se encontram disponíveis no mercado.

Esses manuais têm mostrado que o texto é marcado por um conjunto de relações, ou *textualidade*, que fazem dele não um amontoado aleatório de enunciados, mas uma unidade que possui um todo significativo e acabado; no entanto, esquecem-se de enfatizar (embora digam considerar os fatores discursivos da interlocução) que essa unidade significativa global, mesmo que constituída de uma só palavra ou de uma só frase, se insere numa situação de discurso, o que equivale a dizer que devem ser levados em conta os interlocutores, o referente, a forma de dizer numa determinada língua, o contexto. Esse contexto compreende não só as circunstâncias imediatas (o aqui e o agora do ato de discurso) como também o contexto em sentido lato, ou seja, as determinações histórico-sociais, ideológicas, e o quadro das instituições em que o discurso é produzido (escola, universidade, família, igreja, sindicato etc.).

A esse equívoco, que confunde *texto* e *discurso*, tomando um pelo outro, soma-se um outro, que confunde *língua* e *discurso*.

Uma solução para se sair de uma visão elitista de linguagem (que desconsiderava as variedades de origem do aluno), mas sem cair numa postura populista de desprezo pela língua culta, foi o chamado método bidialetal, defendido por Lemle (1978) e outros estudiosos. O bidialetalismo busca trabalhar as diferenças e as igualdades entre a variedade do aluno e a padrão, possibilitando-lhe o domínio da "variedade" culta além da sua.

Segundo Lemle, os dialetos funcionam como roupas diferentes que poderão ser escolhidas conforme a ocasião requerer. Dessa forma, se o ato de fala for formal, opta-se pela variedade padrão e, se for informal, pela popular. O método dialetal, segundo Lemle, tem a missão de fazer com que os educandos, sem abandonarem o uso da "gramática errada", ou sem substituírem a "errada" pela "certa", adquiram a língua padrão como se fosse uma segunda língua — que eles cheguem à competência no uso das formas linguísticas da norma socialmente prestigiada à guisa de um acréscimo aos usos linguísticos regionais e coloquiais que já dominam. A noção essencial aí é a adequação: existem usos adequados a um dado ato de comunicação verbal, e usos que são socialmente estigmatizados quando praticados fora do contexto apropriado.

Essa postura dialetalista pressupõe que a linguagem que o aluno traz de casa não é inferior nem errada, nem rudimentar, e não precisa ser substituída por outra que é (ou deveria ser) transmitida pela escola, porque essa variedade de linguagem é apenas diferente, tendo sua própria e eficiente estrutura linguística.

Embora reconhecendo que muito se caminhou com o método dialetal — que colabora para com a eliminação dos preconceitos linguísticos (que, na verdade, são sociais), deslocando a noção de certo/errado, ao mesmo tempo em que se define pelo ensino da língua padrão —, temos de reconhecer que ainda não se refletiu o suficiente, em nossas escolas, sobre a relação entre *língua* e *discurso*.

A língua, segundo vimos, é uma entidade abstrata, formal, enquanto o discurso é um lugar de investimentos sociais, históricos, ideológicos, psíquicos, por meio de sujeitos interagindo em situações concretas de discurso por intermédio da língua (mas aprendem a língua por meio das situações concretas de discurso) e cada *discurso constitui um universo semântico específico*. E é preciso que se esteja ciente de que o domínio de uma *língua* não leva automaticamente ao domínio dos diferentes universos semânticos. Um falante da língua portuguesa que domine a variedade padrão pode não estar suficientemente qualificado para o domínio de determinados discursos que circulam na sociedade em que vive, como, por exemplo, o discurso literário ou o discurso científico.

Quando se diz que a missão da escola é levar o aluno, de qualquer classe social, a poder interagir nas mais variadas situações concretas de discurso, entendemos que o que se deve esperar da escola é levar o aluno a dominar os diferentes universos semânticos que são importantes para uma dada sociedade ou cultura.

A influência da escola é fundamental, tanto para os alunos de classes desfavorecidas como para os de classes favorecidas, já que todos, indistintamente, deverão ampliar o domínio que têm da linguagem (como língua e como discurso), adquirido por meio da família e grupos de amigos, e, porque não dizer, dos meios de comunicação a que estão expostos. Nas sociedades modernas, aprende-se a ler e a escrever na escola. E essa aprendizagem não é a de *uma segunda língua para as classes desfavorecidas*, ou de um segundo dialeto, pressupondo-se que as classes favorecidas já dominem o padrão culto.

Não há dúvida, porém, de que, em se tratando de alunos de classes mais baixas, a influência da escola deveria ser ainda mais efetiva, se considerarmos os poucos recursos que essas classes têm, fora da escola, de aprender a interagir nas mais variadas situações de discurso ou de ter acesso àqueles que circulam socialmente. Sem a escola, dificilmente ampliarão seus conhecimentos linguísticos e sua capacidade discursiva.

Foucault (1971) reconhece que, entre os mecanismos disponíveis para a apropriação social dos discursos, o mais importante é o sistema escolar. Por meio dele, qualquer indivíduo (no interior de sociedades industriais desenvolvidas) pode ascender a qualquer tipo de discurso. No entanto, Foucault ressalta que a escola tem-se constituído num mecanismo de controle do discurso, impondo aos indivíduos que os pronunciam certo número de regras e não permitindo que todo mundo tenha acessos aos discursos. Os indivíduos têm de satisfazer a uma série de exigências, para só depois tornarem-se qualificados para o exercício do discurso. Os mecanismos de sujeição por meio da escola garantem, pois, a distribuição dos sujeitos que falam nos diferentes tipos de discurso e a apropriação de discursos apenas por certas categorias de sujeito.

Fica à escola o desafio de oferecer condições para que também os alunos de classes menos favorecidas se tornem qualificados para o exercício de diferentes tipos de discurso: o da imprensa, o de propaganda e marketing, o literário, o científico, o político etc. Se assim não for, nossa escola continuará sendo um poderoso agente reprodutor das desigualdades sociais deste país.

TEXTO, DISCURSO, ENUNCIADO E ENUNCIAÇÃO

TEXTO E DISCURSO

Vimos que o *discurso* é considerado o modo de existência socio-histórico da linguagem: "um conjunto de enunciados que derivam de uma mesma formação discursiva" (FOUCAULT, 1969). Para que se encontrem as regularidades de seu funcionamento, todo discurso deve ser remetido à *formação discursiva* a que pertence.

Formações discursivas são as grandes unidades históricas que os enunciados constituem. Ex.: a medicina, a gramática, a economia-política etc. São sistemas de dispersão de difícil demarcação. Não são blocos fechados, estabilizados. As formações discursivas são constituídas por *práticas discursivas*, que determinam os objetos, as modalidades de enunciação dos sujeitos, os conceitos, as teorias, as escolhas temáticas. A formação discursiva não é a "essência" do discurso, não é sua "estrutura profunda" ou seu "sentido profundo", mas é, ao mesmo tempo, um operador de coesão semântica do discurso e um sistema comum de restrições que pode investir-se nos universos textuais.

Tanto o sujeito como o sentido do discurso não são dados *a priori*, mas são constituídos no interior dessas formações discursivas. São efeitos das formações discursivas. Devem ser pensados em seus processos histórico-sociais de constituição. Isso equivale a considerar dois grandes princípios: a) os sentidos mudam de uma formação discursiva para outra; b) os indivíduos se constituem como sujeitos na medida em que se inscrevem nas formações discursivas.

O *texto* é a manifestação verbal do discurso, o que equivale a dizer que os discursos são lidos e ouvidos sob a forma de textos. Um discurso é normalmente constituído de uma pluralidade de textos (basta que se observe a pluralidade de textos que constitui o discurso feminista, ou a pluralidade de textos que constitui o discurso da medicina homeopática, ou ainda a pluralidade ou a diversidade de textos que constitui o discurso das esquerdas no Brasil). Ao mesmo tempo, um só texto é normalmente atravessado por vários discursos (basta que se observe, por exemplo, que o texto da Bíblia é atravessado pelo discurso machista, pelo histórico etc.).

O discurso, nesse sentido, pode ser considerado uma dispersão de textos. De um certo modo, a unidade do texto é um efeito discursivo que deriva, segundo Foucault (1971), do princípio do autor que funcionaria como uma das ordens reguladoras do discurso. Nesse caso, o autor não seria aquele "entendido como o indivíduo que fala, que pronunciou ou escreveu", mas o autor como princípio de agrupamento do discurso como unidade e origem de suas significações. Neutralizando uma concepção de subjetividade marcada pela dispersão, o princípio do autor é o elemento que centraliza, que ordena, que dá unidade ao discurso, sob a forma do texto.

ENUNCIADO E ENUNCIAÇÃO

Enunciado é, para Foucault (1969), a materialidade repetível, a unidade elementar do discurso ("discurso é um conjunto de enunciados que pertencem à mesma formação discursiva"). O enunciado é um acontecimento único, mas aberto à repetição, à transformação, à reativação. Um enunciado é sempre um acontecimento que nem a língua nem o sentido podem esgotar inteiramente. Está ligado não apenas a situações que o provocam e a consequências por ele ocasionadas, mas, ao mesmo tempo, e segundo uma modalidade inteiramente diferente, a enunciados que o precedem e o seguem. É institucional.

O enunciado de um discurso não se confunde com uma frase gramatical, com um período, com um parágrafo ou com um texto. Não se confunde, também, com a proposição da análise lógica, ou com um ato de fala (um juramento, uma promessa, um contrato etc.). O enunciado sempre se refere à sua formação discursiva. "A mulher é um ser inferior" é um enunciado, pertencente à formação discursiva do discurso machista. O discurso machista constitui um certo modo sócio-histórico da linguagem, o que equivale a afirmar que o sentido do enunciado em questão somente é dado na sua relação com a formação discursiva a que pertence.

O enunciado é uma função que cruza um domínio de estruturas e de unidades possíveis e que faz com que apareçam, com conteúdos concretos, no tempo e no espaço. O sujeito de um enunciado é um lugar determinado e vazio que pode ser ocupado por indivíduos diferentes. Desse modo, o lugar de sujeito de "A mulher é um ser inferior" tem sido ocupado por indivíduos diferentes, homens e mulheres, de diferentes regiões e de classes sociais distintas. Esses indivíduos se constituem como sujeitos desse discurso.

Um enunciado suporta enunciações distintas, dado que tem uma existência material e sua materialidade é repetível. O enunciado pode, pois, ser repetido (por um mesmo indivíduo ou por indivíduos diferentes), apesar de sua materialidade. O que caracteriza o enunciado é sua materialidade repetível, sendo o regime de materialidade a que obedecem os enunciados de ordem institucional.

O enunciado suporta paráfrases. Conforme afirma Foucault, uma informação dada pode ser transmitida com outras palavras, com uma sintaxe simplificada, ou em um código convencionado: se o conteúdo informativo e as possibilidades de utilização são as mesmas, poderemos dizer que ambos os casos constituem o mesmo enunciado. "Lugar de mulher é na cozinha", na formação discursiva machista, constitui uma paráfrase de "A mulher é um ser inferior".

Todo enunciado pressupõe outros, já que faz parte de uma série ou de um conjunto, desempenhando um papel no meio dos outros. Entrando em redes, o enunciado se coloca em campos de atualização, podendo integrar-se em certas operações e estratégias. A identidade do enunciado pode se manter inalterada, modificar-se ou apagar-se.

A *enunciação*, por sua vez, é o singular, o irrepetível, o acontecimento (tem data, lugar determinado). Assim, cada vez que nosso enunciado-exemplo, "A mulher é um ser inferior", é repetido (pelo mesmo indivíduo ou por indivíduos diferentes), trata-se de uma nova enunciação. Todavia, conforme afirmamos acima, considerando-se a contribuição de Bakhtin, não é mais possível dizer que a enunciação é um ato individual. Ela é, repetimos, *eminentemente social*. Enuncia-se sempre para alguém de um determinado lugar ou de uma determinada posição sócio-histórica, valendo dizer que o tu também ocupa uma determinada posição. Esses lugares são constitutivos da enunciação.

AS CONDIÇÕES DE PRODUÇÃO DO DISCURSO

O que fazemos ao usar a linguagem de maneira significativa é produzir discursos, que envolve certas condições, ou alguns elementos indispensáveis como:

1. *um locutor* (aquele que diz, sua posição sócio-histórica);
2. *um alocutário* (aquele para quem se diz o que se tem a dizer, sua posição sócio-histórica);
3. *um referente* (o que dizer, sempre determinado pelos sistemas semânticos de coerência e de restrições);
4. *uma forma de dizer*, numa determinada língua (é preciso que se escolham as estratégias para se dizer);
5. *um contexto em sentido estrito*: as circunstâncias imediatas; o aqui e o agora do ato de discurso;
6. *um contexto em sentido lato*: as determinações histórico-sociais, ideológicas, o quadro das instituições em que o discurso é produzido — a família, a escola, a igreja, o sindicato, a política, a informação, a língua etc. Inclui-se aqui *um sistema de restrições* que determina os objetos, as escolhas temáticas, as modalidades enunciativas de um determinado discurso, assim como a relação entre os discursos, as possibilidades de citar do interior de um discurso etc.

Essas condições nos levam a poder afirmar que as escolhas de quem diz não são aleatórias.

As condições de produção do discurso não visam apenas ao estudo das formas de organização dos elementos que constituem o texto, mas principalmente as formas de instituição de seu sentido. Como diz Maingeneau (1987, p. 14), "não se trata de examinar um *corpus* como se tivesse sido produzido por um determinado sujeito, mas de considerar sua enunciação como o correlato de uma certa *posição sócio-histórica* na qual os enunciadores se revelam substituíveis".

As "condições de produção do discurso" não devem ser entendidas apenas como sendo a situação empírica do discurso que está em jogo, mas como sua representação no imaginário histórico-social. Os protagonistas do discurso (interlocutores) não devem ser considerados apenas como seres empíricos, mas também como representação de lugares determinados na estrutura social: o lugar de professor, de aluno, de político, de pai, de sacerdote etc. As relações entre esses lugares acham-se representadas no discurso por uma série de "formações imaginárias" que designam o lugar que destinador e destinatário atribuem a si mesmo e ao outro, a imagem que eles fazem do seu próprio lugar e do lugar do outro, e a imagem que fazem do referente. O emissor pode antecipar as representações do receptor e, de acordo com essa antevisão do "imaginário" do outro, fundar as estratégias do discurso.

A primeira definição empírica da noção de condições de produção foi feita por Pêcheux (1969). Partindo do esquema informacional de Jakobson (1963), Pêcheux coloca em cena os protagonistas do discurso e seu referente, e procura definir as condições de produção do discurso a partir da ação das regras e normas que os interlocutores estabelecem entre si e dos lugares determinados que ocupam na estrutura de uma formação social, marcados por propriedades diferenciadas. O que funciona no processo discursivo, segundo o autor, é uma série de formações imaginárias que designam os lugares que os interlocutores atribuem a si mesmos e ao outro, isto é, a imagem que fazem do seu próprio lugar e do outro, e a imagem que os interlocutores fazem do referente.

Partindo-se do quadro proposto por Pêcheux (1969, p. 83) a respeito do jogo de imagens que se estabelece entre os protagonistas do discurso, mas tomando-se esse quadro de uma forma bastante simplificada, podemos apresentar as seguintes posições, considerando-se A e B como interlocutores do discurso:

- IA(A): a imagem que A tem de si mesmo.[1] A questão que subjaz essa posição é: "Quem sou eu para que eu lhe fale assim?"
- IA(B): a imagem que o locutor A tem do seu interlocutor B. A questão que subjaz essa posição é: "Quem é ele para que eu lhe fale assim?"
- IB(B): a imagem que B tem de si mesmo. A questão que subjaz essa posição é: "Quem sou eu para que ele me fale assim?"
- IB(A): a imagem que B tem de A. A questão que subjaz a essa posição é: "Quem é ele para que ele me fale assim?"
- IA(R): a imagem que A tem do referente, ou daquilo de que se fala. A questão que subjaz essa posição é: "De que eu lhe falo?"
- IB(R): a imagem que B tem do referente. A questão que subjaz essa posição é: "De que ele me fala?"

Podemos sofisticar essas imagens:

- A(B(A)): a imagem que A tem da imagem que B tem de A. Questão: "Quem ele acha que eu sou para que eu lhe fale assim?"
- B(A(B)): a imagem que B tem da imagem que A tem de B. Questão: "Quem ele acha que eu sou para que ele me fale assim?"
- A(B(B)): a imagem que A tem da imagem que B tem de B. Questão: "Quem ele acha que ele é para que eu lhe fale assim?"
- B(A(A)): a imagem que B tem da imagem que A tem de A. Questão: "Quem ele acha que é para que ele me fale assim?"
- A(B(R)): a imagem que A tem da imagem que B tem do referente. Questão: "O que ele acha disso para que eu lhe fale assim?"
- B(A(R)): a imagem que B tem da imagem que A tem do referente. Questão: "O que ele acha disso para que ele me fale assim?"
- A(B(A(R))): a imagem que A tem da imagem que B tem da imagem que A tem do referente. Questão: "O que ele pensa que eu acho sobre isso para que eu lhe fale assim?"

---

[1] Seria mais apropriado dizer "a imagem que o lugar do locutor tem para o sujeito colocado no lugar do locutor", já que os protagonistas do discurso não devem ser considerados apenas como seres empíricos, mas também como representação de lugares determinados na estrutura social.

- B(A(B(R))): a imagem que B tem da imagem que A tem da imagem que B tem do referente. Questão: "O que ele pensa que eu acho sobre isso para que ele me fale assim?"

O jogo obviamente não pára aí e poderia ser mais sofisticado ainda.

Devemos estar cientes de que o jogo de imagens entre protagonistas do discurso *é um dos elementos* das condições de produção do discurso, mas que essas condições não se reduzem a tal jogo. Dela faz parte todo um sistema de restrições que determina os objetos, os temas, as modalidades enunciativas, assim como as relações entre os discursos, as possibilidades de citar do interior de um discurso. Aquele que fala o faz de um lugar determinado, que regula o seu dizer. Todo discurso remete à formação discursiva a que pertence, sendo regido por essa prática.

A ENUNCIAÇÃO LITERÁRIA

Afirmamos anteriormente que a missão da escola é levar o aluno, de qualquer classe social, a dominar os diferentes universos semânticos que são importantes para uma dada sociedade ou cultura. Afirmamos que fica à escola o desafio de oferecer condições para que os alunos se tornem realmente qualificados para o exercício de diferentes tipos de discurso, o que inclui o literário.

A escola, em todos os seus níveis de ensino, deve ter como objeto tornar o aluno qualificado para o domínio do discurso literário.

Como nos faz ver Maingeneau (1990, 1993), a enunciação literária não escapa à regra comum da enunciação, mas tem condições de produção bastante específicas, o que equivale a dizer que ela não pode ser considerada como um intercâmbio linguístico ordinário.

A figura do "autor", no discurso literário, não pode se reduzir à de um locutor comum, ao mesmo tempo que não pode ser completamente dissociada dele.

Uma das razões dessa diferença é que na enunciação linguística ordinária existe um caráter imediatista e uma simetria na interlocução, se se considerarem os papéis dos interlocutores. Esses dois atributos — simetria e caráter imediatista — não existem na enunciação literária. A pessoa do autor, aquele que escreveu o texto literário, e o leitor da obra não têm um contato a não ser pela própria instituição literária e seus rituais. Essa distância, que é uma das especificidades do discurso literário, acaba por afetar, como nos faz ver Maingeneau, todas as dimensões da situação de enunciação.

Os sujeitos de um texto literário, construídos pelo próprio texto, se movem num tempo e em cenas enunciativas construídas por meio de um jogo de relações também internas ao próprio texto. Isso equivale a dizer que o narrador e as personagens são seres puramente textuais. Basta que se diga que o discurso é literário para que não se possa associar a figura do narrador ou de uma personagem com o autor do texto, aquele que o escreveu. Tal associação seria desaconselhada até mesmo num romance dito "autobiográfico". O eu do narrador deve estar associado com a *figura* do narrador.

Existe, pois, em se tratando de discurso literário, um corte entre a instância produtora (o ser empírico que escreveu a obra, o autor) e a responsável pela enunciação (o locutor).[2]

Podemos distinguir duas categorias de sujeito: o *autor*, produtor físico do texto literário, indivíduo empírico; e o *locutor*, ser do discurso, o "eu" que se coloca como responsável pela enunciação e na origem da referência dos dêiticos.

O locutor se divide ainda em duas instâncias: o *narrador* (no caso da narrativa literária, sendo responsável por todo o enunciado da obra) ou o *eu lírico* (no caso do poema lírico); e a *personagem* (no caso da narrativa literária, sendo responsável pela própria fala).

As personagens de uma obra são locutores quando sua voz se deixa ouvir por meio do discurso direto. Nesse caso, podemos dizer que a personagem é responsável por *sua* enunciação.

Observemos os trechos de *O coronel e o lobisomem*, de José Cândido de Carvalho, transcritos abaixo:

> a) Francisquinha, que andava perto na limpeza da sala, na certeza de que Juquinha vinha em missão da onça, soltou a língua. Como é que ele navegava tanto chão de pastos para vir trazer ao Sobradinho in-

---
[2] Maingeneau usa o termo *escritor* para o ser empírico e *autor* pelo ser do discurso responsável pelo dizer.

vencionice dos matos? Um milho verde, uma partida de farinha, uma caça fresca nunca que ele trazia. Mas aligeirava a perna em viagem de diz-que-diz:

— **Carece de tino, carece de cabeça** (p. 29).

b) Para vistoriar a cama, que isso era penitência de toda a noite, chegou Francisquinha. Queria ver os lençóis, se as fronhas do menino nadavam em cheiro de limpeza, se o quarto estava em ordem e a moringa abastecida. Liberei os zelos dela:

— **Tudo de conforme, tudo de conforme, minha velha** (p. 48).

c) O portador da encomenda, todo falante, cabelinho avaselinado, agradeceu. De qualquer modo a diretoria do Banco da província ficava às ordens do coronel. E já na porta do Hotel das Famílias, chapéu lá embaixo, o magricela arrematou:

— **Fontainha, às ordens. Artur Fontainha para servir Vossa Senhoria** (p. 194).

Em todas as ocorrências, podemos dizer que há dois locutores: o narrador Ponciano e uma personagem. As personagens são responsáveis pela sua própria enunciação, em discurso direto, assinaladas em negrito. Na ocorrência a), o locutor-personagem é Francisquinha; em b) é Ponciano (há na obra o narrador Ponciano e a personagem Ponciano); e em c) é Fontainha.

É evidente que num outro nível essas ocorrências em discurso direto são de responsabilidade do locutor que as cita; nesse caso, o narrador.

Ducrot (1984), em sua teoria polifônica, chama o produtor físico do enunciado de "sujeito falante". Ducrot distingue ainda o sujeito falante e o locutor de uma outra categoria de sujeito, aquele que é o responsável pelos atos ilocutórios do discurso (afirmação, promessa, ordem etc), que nem sempre coincide com o locutor.

Uma ocorrência literária dessa não coincidência nos é dada por Maingeneau (1990, p. 86):

> DORAVANTE: Sois sensível a seu amor, percebi isso pelo extremo desejo que tínheis de que partisse logo; desse modo não poderíeis amar.
>
> SILVIA: **Sou sensível a seu amor!** Quem é que vos disse isso? **Eu não vos poderia amar!** O que é que sabeis a esse respeito? Tirais conclusões apressadas demais.
>
> (Marivaux, *O jogo do amor e do acaso*, III, 8)

Os trechos assinalados em negrito na fala da personagem Silvia constituem retomadas da fala da personagem Doravante. Silvia não pode ser considerada responsável pelos atos ilocutórios desses dois enunciados de sua fala; a responsabilidade desses atos é de Doravante.

O alocutário (o leitor), tanto quanto o locutor, é um ser do discurso, um sujeito construído pelo texto a serviço de seus fins. O leitor não se confunde, pois, com os indivíduos empíricos, exteriores ao texto, que compram a obra (ou a tomam emprestado na biblioteca, de um amigo etc.) e a leem efetivamente, assim como o locutor não deve ser confundido com o escritor. Chamando-se o conjunto desses indivíduos empíricos de *público*, podemos dizer que o autor está para o público, assim como o locutor (narrador, eu lírico) está para o alocutário (leitor). O alocutário da enunciação literária não está presente, é apenas virtual, muito embora o texto o institua, atribuindo-lhe um conjunto de propriedades.

Pelo que expusemos acima, a dificuldade que nossos alunos muitas vezes têm com os textos literários não são totalmente decorrentes do tipo de registro linguístico que se usa nesses textos, ou seja, não são apenas dificuldades com a *língua*. Acreditamos serem, antes de tudo, dificuldades decorrentes da especificidade da enunciação literária: seus sujeitos como seres de discurso, cenas enunciativas construídas por meio de um jogo de relações internas ao próprio texto, e sobretudo o corte entre a instância produtora (o autor) e a responsável pela enunciação (o locutor).

DISCURSO E IDEOLOGIA

O discurso é uma das instâncias de materialização das ideologias, o que equivale a afirmar que os discursos são governados por formações ideológicas. Haroche et alii (1971, p. 102) assim definem *formação ideológica*:

> Falar-se-á de formação ideológica para caracterizar um elemento (determinado aspecto da luta nos aparelhos) susceptível de intervir como uma força confrontada com outras forças na conjuntura ideológica característica de uma formação social em um momento dado: cada formação ideológica constitui assim um conjunto complexo de atitudes

e de representações que não são nem "individuais" nem "universais" mas se relacionam mais ou menos diretamente a posições de classe em conflito umas em relação às outras.

Segundo Pêcheux (1969, 1975), são as formações discursivas que, em uma formação ideológica dada, e levando-se em conta uma relação de classe, determinam "o que pode e deve ser dito" a partir de uma posição dada em uma conjuntura social.

Existem, todavia, atitudes e representações que não estão necessariamente ligadas a situações *de classe* (classe média, alta e baixa). Não há, por exemplo, nenhuma relação orgânica entre política feminista, étnica, ecológica, e *classe social*. Daí se poder dizer que o conjunto complexo de atitudes e representações que constituem uma ideologia pode se relacionar também a posições de grupos. A ideologia pressupõe *conflitos*, — conflito de classe, de grupo (idade, sexo, raça, cor etc.) motivados por *relações de poder*.[3]

Foi Bakhtin (1929) que, criticando todo conceito metafísico de ideologia (esta como "falsa consciência") e buscando um novo conceito *semiótico*, colocou a ideologia dentro do processo real de comunicação verbal. Para melhor entendermos a relação entre *discurso* e *ideologia*, será útil apresentarmos aqui sucintamente o que entendemos ser as principais teses de Bakhtin sobre a ideologia.[4]

Primeira tese: a *materialidade da ideologia*. Sendo material, a ideologia não se reduz a um simples "reflexo" da base econômica, um "modo de pensar da sociedade".

Segunda tese: *a materialidade da ideologia é sígnea*. O signo é um fragmento material da realidade, um fenômeno do mundo exterior. O signo ideológico não se situa *acima* dos conflitos sociais que representa, mas é veículo desses conflitos, sofrendo, ao mesmo tempo, os seus efeitos. Por isso os signos existem como uma entidade viva, em permanente evolução, polissêmica, polivalente, de significações múltiplas.

---

[3] Nesse sentido, *ideologia* e *cultura* são entidades diferentes, já que a cultura não pressupõe necessariamente relações de poder.

[4] Devemos a reflexão sobre essas teses às conversas que tivemos com o Prof. Geraldi sobre o trabalho de Bakhtin.

Terceira tese: *o signo é uma realidade que reflete e refrata outra realidade*. A realidade determina o signo, por isso ele a reflete; mas ao mesmo tempo, o signo se torna um instrumento de refração e deformação da realidade. Esse movimento dinâmico, de via dupla, da realidade ao signo e deste à realidade, de refletir e refratar, é um elemento dos mais importantes para se compreender a determinação recíproca entre a superestrutura ideológica e a base econômica (realidade).

Quarta tese: *o signo emerge no terreno interindividual, na interação social*. O ideológico se situa entre indivíduos organizados. Ao mesmo tempo que a ideologia não pode ser divorciada do signo, este "vive" dentro das formas concretas de intercâmbio social. Isso equivale a dizer, mais uma vez, que os atos de fala de toda espécie e as diferentes formas de enunciação, não estão dissociados da base material. É na infraestrutura que se deve buscar a materialidade dos discursos, ou seja, nas formas concretas e organizadas da comunicação social, nos meios e nas condições dos sistemas de comunicação de uma dada sociedade. Não se podem conceber relações de produção, ou estrutura política e social, sem contatos verbais que os constituam.

Quinta tese: *a consciência é sígnea*. A ideologia não é um fato de consciência, já que a compreensão somente pode manifestar-se por meio de material semiótico. A consciência é um fato socioideológico, porque ela somente adquire forma e existência nos signos criados por um grupo social organizado no interior de suas relações sociais.

Sexta tese: *a realidade da palavra é absorvida por sua função sígnea*. Sem significação, que é a função do signo, não existe palavra. A significação constitui a expressão da relação do signo, como realidade isolada, com uma outra realidade, por ele substituível, representável, simbolizável. Uma "palavra" desprovida de significação seria um mero sinal ser identificado (mas não compreendido), uma entidade designativa de conteúdo imutável, que não pode substituir, nem refletir, nem refratar coisa alguma, uma entidade que não pertence ao domínio da ideologia.

Sétima tese: *a palavra é o fenômeno ideológico por excelência*. O lugar privilegiado do ideológico é o material social dos signos verbais criados pelo homem. O domínio ideológico coincide com o dos signos, o que não quer dizer que palavra e ideologia sejam uma só coisa. Posições ideológicas contendoras podem articular-se na mesma língua nacional, cruzando-se na mesma comunidade linguística. Puxado de um lado para outro por interesses sociais competitivos, um signo é inscrito interiormente por uma multiplicidade de "sotaques" ideológicos.

Oitava tese: *a palavra é neutra em relação a qualquer função ideológica específica*. Podendo preencher qualquer espécie de função ideológica, artística, política, científica, a palavra é capaz de acompanhar *toda* criação ideológica.

PRÁTICA DISCURSIVA INTERSEMIÓTICA

Como nos faz ver Maingeneau (1984), a prática discursiva pode ser considerada uma prática intersemiótica, na medida em que integra produções não somente linguísticas, mas de outros domínios semióticos, tais como o musical, o pictórico. Isso equivale a dizer que um mesmo sistema de restrições semânticas opera sobre domínios semióticos linguísticos e não linguísticos, e que os diversos suportes semióticos são interdependentes e sujeitos às mesmas escansões históricas, às mesmas restrições temáticas.

A formação discursiva, nesse sentido, que recai sobre organizações de sentido, não se limita aos domínios dos enunciados linguísticos. Falantes, escultores, pintores, músicos, arquitetos podem ser sujeitos enunciadores de uma mesma formação discursiva, isto é, podem participar da mesma prática discursiva, por meio de diferentes materiais significantes. É nesse sentido que se pode falar em Romantismo na literatura, na música, na pintura.

Ao mesmo tempo que esses diferentes enunciadores reconhecem as incompatibilidades das produções que utilizam diferentes materiais significantes (a palavra, a cor, o som, a argila, a linha etc.), reconhecem também coincidência nessas produções se elas são regidas pelas regras de uma mesma formação discursiva.

Nesse sentido, em ciências humanas estende-se o termo "texto" a produções não linguísticas, falando-se, por exemplo, em "texto musical", "texto pictórico". Estende-se o termo "texto" até mesmo a ritos litúrgicos, a formas de comportamento. Os textos também aí se inserem em situações reais de discurso, sujeitos a condições de produção.

Segundo Maingeneau, a coexistência de "textos" que pertencem a diferentes domínios semióticos não é livre no interior de uma dada prática discursiva. Existem restrições que são determinadas pelo contexto histórico ou pela função social da prática. As restrições definem associações preferenciais, exclusões e marginalizações específicas.

AS CONDIÇÕES DE PRODUÇÃO DO DISCURSO PEDAGÓGICO E A CONSTITUIÇÃO DE SUJEITOS

Com base em algumas das contribuições da Análise do Discurso, gostaríamos de fazer uma breve reflexão sobre o que podemos entender por "constituir-se como sujeito pela linguagem" e, mais especificamente, o que podemos entender por "constituir-se como sujeito do discurso pedagógico". A expressão "constituir-se como sujeito" tem estado presente nos trabalhos dos educadores, dos pesquisadores, tem sido dita e reafirmada nos planos e propostas curriculares, desde que se entendeu que, sem uma visão sócio-histórica de linguagem, não se poderia empreender a tão almejada mudança no ensino de língua portuguesa.

O APARELHO IDEOLÓGICO ESCOLAR

Segundo Althusser (1970), a escola é, na sociedade atual, o mais importante dos *aparelhos ideológicos do Estado*, superando até mesmo a família, a religião e os órgãos de comunicação. O aparelho ideológico do Estado escolar foi, pois, aquele que assumiu a posição dominante nas formações capitalistas maduras, após violenta luta de classe política e ideológica contra o antigo aparelho ideológico do Estado dominante.

Para Althusser, o sujeito da escola é, de fato, um sujeito produzido *pela* escola, como importante aparelho ideológico do Estado. Um sujeito assujeitado pela instituição escolar, desprovido de liberdade, exceto a de aceitar livremente sua sujeição. De acordo com uma das principais teses de Althusser, "a ideologia interpela os indivíduos em sujeitos", isto é, o específico da ideologia é constituir indivíduos concretos em sujeitos. "O indivíduo é interpelado em sujeito (livre) para que se submeta livremente às ordens do sujeito, logo para que ele aceite (livremente) seu assujeitamento."

Nesse sentido, um discurso do poder se pronuncia sobre a educação, definindo suas metas, seus objetivos e seus conteúdos, ou seja, tomando as decisões. Professores e alunos acabam sendo excluídos do discurso pedagógico, não tendo outra opção a não ser assujeitarem-se *livremente* a esse pronunciamento.

Muitas críticas têm sido feitas a essa tese de Althusser, que não deixa nenhuma saída para os sujeitos a não ser aceitarem seu assujeitamento. A escola, nesse quadro redutor, acaba se transformando num lugar meramente reprodutor da ideologia dominante. Cai-se numa causalidade puramente mecânica: não se prevê a possibilidade de os regimes de poder se transformarem em consequência do realinhamento de suas forças. Não se reconhece a natureza mutante do equilíbrio de poder e consequentemente a natureza dinâmica da estrutura social, assim como a heterogeneidade das identidades sociais e das estruturas do discurso. Não se reconhece que os diversos elementos que constituem essas estruturas estão em permanente estado de tensão entre si.

O conceito de sujeito, total e irremediavelmente subjugado pelos poderes invocados por Althusser, anula, pois, toda e qualquer possibilidade de verdadeiros sujeitos — professores e alunos — agirem e eventualmente interferirem no curso da história. Em outras palavras: anula a possibilidade de sujeitos assumindo posições éticas e de se colocar numa relação essencialmente dialética discurso e estrutura social. Anula, em síntese, a dimensão do desejo, que é propulsora da subversão.

UMA TEORIA NÃO SUBJETIVISTA DA ENUNCIAÇÃO

Procurando refletir as dimensões do assujeitamento proposto por Althusser, mas tendo como alvo o sujeito *do discurso*, a Análise do Discurso defende que, afetado por dois tipos de esquecimento (PÊCHEUX

E Fuchs, 1975), o sujeito cria uma realidade discursiva ilusória. Pelo esquecimento n° 1, em que o sujeito se coloca como a origem daquilo que diz, a fonte exclusiva do sentido do seu discurso. O lugar desse esquecimento é de natureza inconsciente e ideológica, uma zona inacessível ao sujeito, aparecendo precisamente, por essa razão, como o lugar constitutivo da subjetividade. O sujeito tem a ilusão de que ele é o criador absoluto do seu discurso. Pelo esquecimento n° 2, em que, por meio de determinadas operações, o sujeito tem a ilusão de que o discurso reflete o conhecimento objetivo que tem da realidade.

O sentido, da mesma forma que o sujeito, não é concebido como sendo dado *a priori*. Segundo Pêcheux (1975), "o sentido de uma palavra, expressão, proposição não existe em si mesmo (isto é, em sua relação com a literalidade do significante), mas é determinado pelas posições ideológicas colocadas em jogo no processo sócio-histórico em que palavras, expressões, proposições são produzidas (reproduzidas)". Palavras, expressões, proposições mudam de sentido segundo posições sustentadas por aqueles que as empregam, o que significa que elas tomam seu sentido em referência a essas posições, isto é, em referência às formações ideológicas nas quais essas posições se inscrevem. Tanto o sentido como o sujeito não são dados *a priori*, mas constituídos no discurso.

É nesse sentido que a Análise do Discurso propõe uma teoria não subjetivista da enunciação, que permita fundar uma teoria (materialista) dos processos discursivos.

A instância de subjetividade enunciativa tem duas faces. Em primeiro lugar, ela constitui o sujeito em sujeito do seu discurso, legitimando-o e atribuindo-lhe a autoridade vinculada institucionalmente a esse lugar. Existe um lugar institucional, que é o do professor, assim como existe um lugar institucional, que é o do aluno. É desses lugares enunciativos que os sujeitos falam na instituição escola. Em segundo lugar, a instância da subjetividade enunciativa submete o enunciador às suas regras, assujeitando-o, determinando o que pode e deve ser dito por ele.

Pêcheux deixa, no entanto, uma possibilidade de o sujeito se "desidentificar" com a formação discursiva que o determina, que é uma condição da transformação política.

Eagleton (1991), refletindo essa "desidentificação", argumenta a favor de uma definição mais "política" e "positiva" de ideologia. Concebe-a ideologia não como um sistema de representações (imagens, conceitos), de estruturas que se *impõem* aos homens sem passar pelas suas consciências, mas como luta de interesses antagônicos em nível do signo. Reconhece que o valor da ideologia consiste, a seu ver, em auxiliar no esclarecimento dos processos pelos quais pode ser praticamente efetuada a libertação da consciência política dos seres humanos diante de crenças letais. A consciência política pode ser definitiva e irreversivelmente alterada "quando homens e mulheres, engajados em formas locais, aparentemente modestas de resistência política, veem-se trazidos, pelo ímpeto interior de tais conflitos, para o confronto direto com o poder do Estado" (p. 195).

A ESCOLA COMO LUGAR DE CONFLITO

A partir dessas reflexões, podemos já falar em sujeitos/alunos, produtores de discursos e de sentidos, sem termos em mente um modelo cartesiano de sujeito todo-poderoso, produtor único dos sentidos, nem um modelo althusseriano de sujeito totalmente assujeitado a uma estrutura fechada, sem brechas. Muito embora a escola seja um importante aparelho ideológico do Estado e como tal produza sujeitos sociais, a escola é também um lugar de conflitos e de luta ideológica, em que as consciências políticas podem ser constituídas, mas também alteradas num processo realmente revolucionário. Nesse sentido, não se pode dizer que os sujeitos-alunos, ou os sujeitos-professores, sejam meros portadores da hegemonia discursiva do seu tempo.

Segundo a posição que defendemos, o sujeito ocupa um espaço tenso, entre a reprodução do instituído e o desejo de subverter. Professores e alunos podem de fato reagir *criticamente* ao discurso do poder que toma as decisões sobre a educação. Podem não só criticar suas metas, objetivos e conteúdos como também exigir sua participação e inclusão nesse discurso educacional.

Devemos ainda ter em mente o fato de que o discurso não "reflete" a realidade exterior, nem é o "porta-voz" da realidade, mas ele mesmo é a realidade. Constituído de signos, o discurso é material.

A "encenação" onde se dá o discurso na escola não é uma máscara do "real", mas uma de suas formas, estando esse real investido pelo discurso. Todas as instituições escolares são igualmente reprodutoras ou transformadoras. A sala de aula pode ser um espaço mais transformador do que reprodutor ou vice-versa. Como educadores, temos de nos empenhar para que a transformação exista, mesmo que ela conviva (como não pode deixar de ser) com a reprodução.

Acreditamos que é por meio de um ensino produtivo (produção de textos e discursos) que a sala de aula pode se constituir num espaço não só reprodutor, mas também transformador de sentidos e de sujeitos; um verdadeiro espaço de interação, lembrando-se de que a interação pressupõe conflito.

A interação, tal como Bakhtin a concebe, constitui uma categoria que nos permite superar uma concepção do sujeito centrada na polaridade do eu e do tu. O centro da relação é o espaço discursivo que fica entre ambos, o que equivale a dizer que o sujeito só constrói sua identidade na interação com o outro, numa relação dinâmica entre alteridade e identidade. A interação se localiza na relação social, que é, antes de tudo, linguagem. Os lugares sociais somente podem existir por meio de uma rede de lugares discursivos. Daí se poder dizer que os professores e os alunos se constituem pela linguagem.

Assim orientados, podemos entender "ser sujeito" do discurso pedagógico de duas maneiras. Primeiro, no sentido de estar sujeito a tudo aquilo que a instituição num dado momento histórico impõe como determinante. Falar em locutores *situados* num contexto é enfatizar a preeminência e a preexistência da topografia social sobre os falantes que aí vêm se inscrever. O aluno e o professor, como interlocutores, são, na verdade, indivíduos inscritos em lugares já estabelecidos, por intermédio dos quais alcançam sua identidade. Ocupando, então, tais posições, por meio desse sistema de lugares que, sendo social, ultrapassa a identidade do indivíduo, o sujeito do discurso pedagógico diz aquilo que pode e deve dizer, de acordo com as regras que determinam esse discurso.

Mas podemos entender que "ser sujeito" é, ao mesmo tempo que se ocupa o lugar que a instituição determina, procurar agir para a ultrapassagem da *fixação* de tais regras, que é uma condição da transformação política. Na prática da sala de aula, transformar as aulas de língua materna num momento privilegiado de interação, em que interlocutores verdadeiros (professores e alunos) têm o que dizer e o dizem por meio de sua língua, que é tomada como uma atividade, um processo criativo que se materializa pelas enunciações. Em vez de técnicas de redação, exercícios estruturais e treinamento de habilidades de leitura, o que se deve privilegiar é a produção de textos e discursos, o que equivale a dizer privilegiar práticas escolares que levem à formação de alunos leitores e produtores de textos, conscientes do lugar que ocupam e de sua capacidade de ação (= inter-ação) para subverter o que está estabelecido.

LEITURA, DISCURSO E SUBJETIVIDADE

Considerada aqui uma prática de discurso que envolve uma situação concreta de interlocução, a leitura exige uma certa compreensão do que seja a relação entre discurso e subjetividade. Cumpre indagar que sujeito é esse da leitura, de onde procede a "autoria" das interpretações — se de um sujeito tido como singular ou de um sujeito constituído nas relações institucionais concretas.

A questão da leitura demanda uma certa visão sócio-histórica de linguagem, sem a qual poderíamos falar de um lugar demasiadamente ingênuo, que ignora que ligados à subjetividade estão a história (o sujeito é determinado por um tempo e um espaço, um lugar social), a ideologia (as relações de poder) e o inconsciente (a relação com o desejo). Cumpre-nos todavia questionar, com base no que afirmamos anteriormente, se "ser sujeito" não demandaria, também, uma certa ultrapassagem da preeminência e da preexistência da topografia social em que os leitores se inscrevem, o que equivale a dizer que se deveria considerar uma dimensão política da subjetividade, por meio da qual os sujeitos, ao mesmo tempo que ocupam lugares sociais que ultrapassam sua identidade de indivíduos e nos quais se constituem, podem igualmente se "desidentificar" com algumas chamadas sociais para se identificarem com outras.

Três níveis no processo de compreensão

Com relação aos fenômenos linguísticos em geral e ao ato de ler em particular, consideremos três níveis determinantes do grau de estabilidade das significações.

Um primeiro nível, mais geral, que se pode dizer pertencente a uma comunidade linguística que fala uma mesma língua. É o nível mais abstrato das sistematicidades linguísticas, em que os sentidos se estabilizam de alguma forma por intermédio das gramáticas e dos dicionários. Todavia, sendo mais uma sistematização do que propriamente um sistema, esse conjunto de recursos expressivos que a língua é, pode ser considerado a um só tempo produto histórico de um determinado grupo social e um processo de construção permanente, por meio das enunciações concretas de sujeitos interagindo entre si e com o conhecimento em situações de discurso.

Isso equivale a dizer que é quase impossível conceber uma língua natural pronta de antemão, porque ela se (re)constrói incessantemente pelo processo ininterrupto de interação, que envolve falantes e contexto.

Considerando-se a questão particular do ato de ler, como nos mostra a literatura voltada para os aspectos cognitivos da leitura, o conhecimento linguístico desempenha um papel central no *processamento do texto* (KLEIMAN, 1989, p. 14), constituindo um dos componentes do chamado conhecimento prévio, sem o qual não é possível qualquer compreensão.

Um segundo nível, sócio-histórico, dos "diferentes modos de discurso", no qual as significações estão sujeitas a valores contraditórios em virtude de fatores como classe social, grupo, idade, profissão, sexo, o quadro das instituições em que os discursos são produzidos etc. Se no nível das sistematicidades linguísticas se pressupõe uma generalidade e uma relativa estabilidade, o que vigora neste segundo nível é a divisão e o conflito. Todavia, esse conflito é regrado, dado que as significações se constituem pelos processos discursivos, sistemas de relações de substituição, paráfrases, sinonímias, dentro das formações discursivas, considerando-se, aqui, as formações discursivas no sentido que lhes dá Foucault (1969), ou ainda como um operador de coesão semântica do discurso e um sistema comum de restrições, que pode investir-se nos universos textuais.

Existe uma certa contradição necessária nesse segundo nível. Apesar de ser o lugar da polifonia, ou das multiplicidades de significações e interpretações, deve-se considerar que estas não se distribuem num espaço uniforme, cada qual ocupando uma parcela de igual tamanho. Segundo Foucault (1971, p. 09), em qualquer sociedade a produção dos discursos é controlada, selecionada, organizada e distribuída por um certo número de procedimentos (de exclusão, de classificação, de ordenação e distribuição, de rarefação dos sujeitos falantes), os quais têm por objeto "conjurar seus poderes e perigos, dominar seu acontecimento aleatório, esquivar sua pesada e temível materialidade".

Significações há que tendem a ser impostas como verdades absolutas, acima dos índices sociais de valor contraditórios. Como já nos fazia ver Bakhtin (1929), aquilo mesmo que torna o signo vivo e dinâmico faz dele um instrumento de refração e deformação da realidade. Fatores restritivos tendem a conferir ao signo ideológico, polivalente, um caráter de monovalência, procurando apagar os conflitos de toda a espécie.

Em termos de leitura, a implicação mais importante das considerações acima é poder-se dizer que em todo texto há uma *margem* ou um *intervalo* (ORLANDI, 1983), que é um espaço determinado pelo social, espaço da interlocução leitor-texto/autor, em que os sujeitos se constituem como tais, como sujeitos leitores, e se completam, ainda que sempre provisoriamente. Ao mesmo tempo que são atribuídos sentidos ao texto, desencadeando-se o processo de significação, o leitor se constitui, se representa, se identifica.

Um texto pode ter sentenças linguisticamente bem-formadas, ser coeso, ser potencialmente coerente, mas ter sua legibilidade comprometida na relação de interação entre leitor-texto/autor. Daí se poder dizer que o sentido não está no texto, porque o processo de significação é desencadeado nesse momento específico da interação entre interlocutores que se constituem como tais, e que a leitura é *compreensão* de um texto e não simplesmente o *reconhecimento* de um sentido dado de antemão.

Considerando-se, pois, que as interações verbais não se dão fora de um contexto sócio-histórico-ideológico mais amplo, e que a subjetividade de cada leitor se constitui na interação entre indivíduos socialmente organizados, num espaço de liberdade coexistindo com um espaço de regularidades e restrições, a leitura está longe de ser um ato inteiramente livre, o que equivale a dizer que a interpretação de um texto não é uma espécie de vale-tudo, em que cada leitor tem sua interpretação, independente das referências sócio-históricas e das instituições em que as interações sociais são produzidas.

Finalmente, consideremos um terceiro nível, que é o das manifestações individuais de um sujeito leitor como produtor de textos e de sentidos. A leitura, produção de sentidos, embora regrada e determinada pelo social, é sempre um acontecimento discursivo e, como tal, produz invariavelmente o novo. Novo, no sentido que Pêcheux (1983) atribui ao discurso como acontecimento, não estrutura. Não sendo um "aerólito miraculoso", porque depende das redes de memória e dos trajetos sociais nos quais irrompe, o discurso, ao mesmo tempo, marca a possibilidade de uma desestruturação-reestruturação dessas redes e trajetos: todo discurso é o índice potencial de uma agitação nas filiações sócio-históricas de identificação, na medida em que ele constitui ao mesmo tempo um efeito dessas filiações e um trabalho (mais ou menos consciente, deliberado, construído ou não, mas de todo modo atravessado pelas determinações inconscientes) de deslocamento no seu espaço".

A possibilidade do novo é garantida em primeiro plano pelo próprio equívoco da língua, a que todo enunciado está exposto, de modo que "todo enunciado é intrinsecamente suscetível de tornar-se outro, diferente de si mesmo, se deslocar discursivamente de seu sentido para derivar para um outro" (PÊCHEUX, 1983, p. 53).

A questão da heterogeneidade

Entendemos a leitura/compreensão como um trabalho que deve estar voltado para a característica mais fundamental de todo discurso: a heterogeneidade. Esse elemento, a nosso ver, constitui uma condição da leitura dialógica, voltada para mais de uma "voz" do discurso. Pode também ser concebida como uma leitura do "avesso" do discurso.

Segundo a lição de Courtine e Marandin (1981), a heterogeneidade é o diferente do discurso, aquilo que subjaz a ele e liga o seu mesmo com o seu outro. No seio de uma formação social, numa conjuntura histórica determinada, a heterogeneidade pode ser considerada o elemento constitutivo de práticas discursivas que estão numa relação de aliança, ou de afrontamento, num certo estado de luta ideológica e política.

O discurso-outro deve ser entendido como espaço virtual de leitura dos enunciados ou das sequências discursivas. Esse discurso-outro, segundo Pêcheux (1983, p. 55), "enquanto presença virtual na materialidade descritível da sequência, marca, do interior dessa materialidade, a insistência do outro como lei do espaço social e da memória histórica, logo como o próprio princípio do real sócio-histórico".

Essa orientação dialógica de leitura não deve ficar restrita aos enunciados marcados pelo desdobramento da figura do locutor, como propõe Ducrot (1984) para os casos de discurso direto, indireto e indireto livre; ou pela presença de um enunciador, como nos casos da ironia e da negação. Da mesma forma, não deve restringir-se aos casos de heterogeneidade mostrada, marcada ou não, explorados por Authier-Revuz (1982), como a conotação autonímica, a antífrase, a alusão, a paráfrase etc.

O outro deve ser concebido independente dessa heterogeneidade que se mostra no plano enunciativo e também não deve ser confundido com a figura de um interlocutor. O outro dessa heterogeneidade constitutiva de todo discurso é aquilo que é o seu interdito, que foi preciso ser sacrificado para que o discurso pudesse construir sua identidade (MAINGENEAU, 1984, p. 31).

Interdito, ausência, falta, o outro é justamente o que promove a abertura do discurso para outras posições, outras visões de mundo, outras ideologias. Na sua relação com o sentido, o sujeito pode se voltar contra "o sujeito universal" por meio de uma tomada de posição, que consiste em uma separação (sob a forma de distanciamento, dúvida, questionamento, contestação, revolta etc.) com respeito àquilo que o "sujeito universal" lhe "dá a pensar". Do encontro do mesmo com o outro, espera-se que o sujeito da leitura realmente possa tomar certas posições e as reconheça como efeitos de identificação, posições que ele possa realmente assumir.

A prática da leitura, na sala de aula, pode ser um dos instrumentos desse encontro. Repetimos: em vez de treinamento de habilidades de leitura (ler sem engasgar, ler mais alto, ler mais devagar etc.), o que o professor deve privilegiar é a leitura produtiva, ou seja: privilegiar a construção de sentidos que sempre se renovam, por meio da interação com o outro, para que de fato se forme um leitor produtor de textos, consciente do lugar que ocupa e de sua capacidade de intervir na ordem social.

Para tanto, é necessário que o aluno, desde o início da escolaridade, seja exposto a uma grande variedade de textos e discursos, e seja levado a produzir sentidos a partir dos textos que lê. E é necessário que se respeitem os sentidos que se vão produzindo na interação do leitor/aluno com os textos lidos, assim como na interação do aluno com outros textos e com seus interlocutores, produtores de outros sentidos.

Isso não equivale a dizer que qualquer sentido dado a um texto pelo aluno deva ser aceito como válido. Como dissemos acima, a leitura está longe de ser um ato inteiramente livre, uma espécie de vale-tudo, em que cada leitor tem sua interpretação, independente das referências sócio-históricas e das instituições em que as interações sociais são produzidas. As interações verbais se dão sempre num contexto sócio--histórico-ideológico mais amplo, e a subjetividade do aluno/leitor se constitui na sua interação, como indivíduo socialmente organizado, com outros indivíduos socialmente organizados, num espaço de liberdade coexistindo com um espaço de regularidades e restrições.

INTERTEXTUALIDADE E INTERDISCURSIVIDADE

INTERTEXTUALIDADE E INTERTEXTO

Os textos, produtos das atividades discursivas, se relacionam com outros textos. Todo texto é um intertexto, no sentido em que outros textos estão presentes nele, em níveis variados, podendo ser reconhecidos ou não. Chama-se, pois, de intertextualidade, a relação de um texto com outros previamente existentes, efetivamente produzidos. A intertextualidade é *explícita* quando é feita a citação da fonte do intertexto (discurso relatado, citações de referências, resumos, traduções etc.), sendo *implícita* quando cabe ao interlocutor recuperar a fonte na memória para construir o sentido do texto (é o caso das alusões, da paródia, certas paráfrases, certos casos de ironia).

É muito importante considerar o contraste entre as diferentes formas de relatar uma mesma enunciação. Entre o discurso citado e o que cita produz-se um distanciamento que constitui um fenômeno de grande interesse para a análise do discurso. Uma questão importante é a razão de um locutor introduzir uma citação de outro no seu discurso. O distanciamento entre o discurso citado e o que cita é normalmente ambíguo: pode-se dizer que "o que eu digo é verdade porque não sou eu quem o digo", como também o contrário. Ao mesmo tempo que o locutor citado é um "não-eu" em relação ao locutor que cita, ele constitui também uma "autoridade" que protege o discurso do locutor responsável.

A citação não é um recurso totalmente livre, mas sujeito às determinações que a formação discursiva impõe. O locutor cita sempre de um lugar determinado, que regula a citação, por isso nem sempre cita quem deseja, como deseja.

Como a citação diz respeito tanto a regras, operações, como a enunciados citados, Maingeneau (1987) considera uma diferença entre *intertexto* e *intertextualidade* de uma formação discursiva.

Como *intertexto* de uma formação discursiva, o autor considera o conjunto de fragmentos que ela efetivamente cita e, por *intertextualidade*, o tipo de citação que uma formação discursiva considera legítima por sua própria prática. As maneiras de citar, as ocasiões em que é permitido citar ou é preciso citar, o grau de exatidão exigido, variam de época para época e de discurso para discurso.

Maingeneau distingue, ainda, *intertextualidade interna* e *intertextualidade externa*. Temos como exemplo de intertextualidade interna, o discurso religioso jansenista, que praticamente não invoca nenhuma autoridade exterior à Igreja Católica. Já o discurso religioso humanista devoto recorre à intertextualidade externa, citando constantemente os moralistas da Antiguidade e os naturalistas.

Dentre os processos que recorrem à intertextualidade, destacam-se a paráfrase e o discurso direto. Palavras, expressões e proposições literalmente diferentes podem ter o mesmo sentido no interior de uma formação discursiva dada, o que configura a paráfrase. É ingênuo pensar que o discurso direto recorre à intertextualidade de uma maneira mais autêntica do que a paráfrase, pelo fato de reproduzir literalmente o discurso que se cita. O discurso da imprensa nos mostra como o discurso citado direto também pode ser usado para determinados fins em que o interesse visado não é a similitude absoluta entre os dois discursos.

INTERDISCURSIVIDADE E INTERDISCURSO

O interdiscurso, segundo Maingeneau (1987), é um processo de reconfiguração incessante, no qual uma formação discursiva é levada a incorporar elementos pré-construídos, produzidos fora dela. Com esses elementos, ela provoca sua redefinição e redirecionamento, e suscita, igualmente, o chamamento de seus próprios elementos para organizar sua repetição, ao mesmo tempo que provoca, também eventualmente, o apagamento, o esquecimento ou mesmo a denegação de determinados elementos. A formação discursiva aparece como lugar de um trabalho no interdiscurso. Ela é um domínio "inconsistente, aberto e instável, e não uma projeção, a expressão estabilizada da 'visão de mundo' de um grupo social". Coloca-se o primado da contradição, que une e divide ao mesmo tempo os discursos, que faz da própria individuação um processo contraditório.

Maingeneau (1984, 1987) precisa melhor a noção de interdiscurso com as noções de universo, campo e espaço discursivos.

Universo discursivo: "o conjunto de formulações discursivas de todos os tipos que coexistem, ou melhor, interagem numa conjuntura. Esse conjunto é necessariamente finito, mas irrepresentável, jamais concebível em sua totalidade pela AD" (p.116). Corresponde ao "arquivo" de uma época.

Campo discursivo: "definível como um conjunto de formações discursivas que se encontram em relação de concorrência, em sentido amplo, e se delimitam, pois, por uma posição enunciativa em uma dada região. O recorte de tais campos deve decorrer de hipóteses explícitas e não de uma partição espontânea do universo discursivo" (1984b, p. 117). Conforme faz-nos ver (1984a), a "concorrência" inclui o enfrentamento aberto ou o confronto, a aliança, como também inclui a neutralidade aparente entre discursos que possuem a mesma função social, mas divergem sobre o modo pelo qual ela deve ser preenchida. É no interior do campo discursivo que se constitui um discurso.

Espaço discursivo: "delimita um subconjunto do campo discursivo, ligando pelo menos duas formações discursivas que supõe-se manterem relações privilegiadas, cruciais para a compreensão dos discursos considerados. Este é, pois, definido a partir de uma decisão do analista, em função dos objetivos de sua pesquisa" (p. 117). Intercâmbios muito diferentes se estabelecem de acordo com os discursos e com as conjunturas a que se visam. Por exemplo: a linguística do século XIX apoiava-se na biologia; a linguística de Saussure, para definir o valor linguístico, se apoiou no discurso da economia; o discurso político contemporâneo se apoia num saber econômico. Essas não são relações evidentes, tornando-se necessário justificá-las a cada vez. Em geral, os analistas do discurso não se interessam muito em estudar essas relações entre campos e se mantêm nos limites de um espaço determinado, o que é compreensível pelo receio de se cair na especulação.

Privilegiar a interdiscursividade leva à construção de "um sistema semântico no qual a definição da rede semântica que circunscreve a especificidade de um discurso coincide com a definição das relações desse discurso com o seu Outro" (MAINGENEAU, 1984). Entendendo-se por "Outro" o discurso pelo qual um certo discurso se constitui, numa relação de aliança, de enfrentamento, de neutralidade aparente. Isso equivale a dizer que a identidade de um discurso não se constitui no interior de uma estrutura fechada, mas numa relação aberta, embora regrada. Pode-se dizer ainda, com Maingeneau, que o Outro é aquilo que sistematicamente faz falta a um discurso, aquela parte do sentido que foi necessário que o discurso sacrificasse para construir sua identidade.

A formação discursiva tira, pois, seu princípio de unidade de um conflito sempre regrado, num espaço de trocas, e não de um caráter de "essência". As articulações de uma formação discursiva se constituem sempre num espaço de dialogismo, se considerarmos o caráter essencialmente dialógico de todo enunciado do discurso, que pode ser lido no seu "direito" e no seu "avesso". No seu direito, na medida em que se relaciona com sua própria formação discursiva, e no seu avesso, à medida que se relaciona com aquilo que é rejeitado do discurso de seu Outro.

HETEROGENEIDADE DISCURSIVA MOSTRADA

Nas reflexões que fizemos até aqui, temos enfatizado que as práticas discursivas em sala de aula devem estar voltadas para a característica mais fundamental de todo discurso: a heterogeneidade. Esse elemento, conforme dissemos, constitui uma condição da leitura dialógica, voltada para mais de uma "voz" do discurso.

A noção do sujeito como um ser que se desdobra em muitos e assume vários lugares ou papéis no discurso nos remete ao conceito de **polifonia**, elaborado por Bakhtin, que opõe um discurso polifônico, tecido pelo discurso do outro, a um discurso que chama de monológico. Todavia, para Bakhtin, não há discursos constitutivamente monológicos, mas discursos que se "fingem" monológicos, pois toda palavra é dialógica, todo discurso tem dentro dele outro discurso.

O discurso relatado (direto, indireto, indireto livre), as aspas, os itálicos, as citações, as alusões, a ironia, o pastiche, o estereótipo, a pressuposição, as palavras argumentativas etc. são fenômenos que estão ligados à heterogeneidade enunciativa do discurso, produzida pela dispersão do sujeito e que é trabalhada pelo locutor de forma a fazer com que o texto adquira uma unidade e uma coerência. Para conseguir essa unidade, o locutor, na forma de um concerto polifônico, tanto harmoniza as diferentes vozes como apaga as discordantes.

Apresentamos a seguir um estudo acerca da heterogeneidade do discurso. Os processos que acima apresentamos, se levados para a prática da sala de aula, não devem ser tomados pelo professor ou pelos alunos como atividades lúdicas, desinteressadas ou neutras. Devem ser tomadas como gestos dirigidos a um destinatário, com funções específicas.

É necessário, pois, que, além de dominar o funcionamento desses processos, os alunos possam dominar seus significados, tais como assujeitar o alocutário, "desassujeitar" o locutor às normas vigentes (às normas de coerência que toda argumentação impõe, às regras da racionalidade e da conveniência públicas), livrá-lo locutor das sansões que seu enunciado deveria acarretar, fazer com que um posicionamento ideológico tenha a aparência de uma "verdade" já posta, um "dado inquestionável" ou um "fato" em si mesmo, incontestável etc.

As aspas, por exemplo, têm um valor semântico e uma eficácia que devem ser conhecidos do produtor do texto, leitor ou autor. Elas somente podem ser interpretadas dentro do contexto e constituem um sinal a ser decifrado pelo interlocutor. Seu caráter *imprevisível*, bem como sua relação com o *implícito* são de grande importância para a produção de textos. Uma de suas funções mais sutis é servir para simular que é legítimo manter um termo à distância.

A teoria polifônica de Ducrot (1984) e as abordagens de Authier-Revuz (1982, 1984) e de Maingeneau (1987) privilegiam a complexidade do tecido enunciativo do discurso. A diferença é que, enquanto Ducrot, não muito comprometido com as determinações histórico-sociais a que todo discurso está sujeito, se prende a uma complexidade mostrada na superfície do enunciado, Authier-Revuz e Maingeneau procuram dar conta, também, de um tipo de heterogeneidade (constitutiva) não mostrada no nível da superfície do discurso, mas determinante das significações.

A TEORIA POLIFÔNICA DE DUCROT

Para Ducrot (1984), o sentido de um enunciado consiste numa representação (no sentido de teatro) de sua enunciação. Numa cena, movem-se as personagens, que se representam em vários níveis.

Ducrot concebe o **sujeito** como:

a) o produtor físico do enunciado (o autor, produtor empírico);

b) aquele que realiza os atos ilocutórios (ameaça, pergunta, promete etc.);

c) o ser designado no enunciado como sendo seu autor, reconhecido pelas marcas de primeira pessoa (locutor).

À mesma pessoa podem ser atribuídas as três propriedades, mas nem sempre. A questão é bastante complexa. Exemplo: "Ah, eu sou um imbecil; muito bem, você não perde por esperar". À mesma pessoa podem ser atribuídos a) e c), ou seja, a mesma pessoa pode ser o produtor empírico e o locutor, mas não b), o responsável pelo ato de afirmação realizado no primeiro enunciado. Esse ato é atribuído ao seu interlocutor.

Os sujeitos podem ser: locutor, sujeito falante e enunciador.

Locutor: um ser que é, no próprio sentido do enunciado, apresentado como seu responsável, ou seja, como alguém a quem se deve imputar a responsabilidade desse enunciado. É a ele que se refere o pronome *eu* e as outras marcas de primeira pessoa. O locutor pode ser diferente do autor empírico do enunciado (diferente do falante efetivo), seu produtor. O autor real pode ter pouca relação com o locutor, que é uma ficção discursiva. Um ser do discurso, pertencente ao sentido do enunciado e resultante dessa descrição que o enunciado dá de sua enunciação.

Sujeito falante: o ser empírico, o autor, aquele que produziu o enunciado, um elemento da experiência.

Enunciadores: seres que são considerados como se expressando por meio da enunciação, sem que para tanto se lhe atribuam palavras precisas; se eles "falam" é somente no sentido em que a enunciação é vista como expressando seu ponto de vista, sua posição, sua atitude, mas não, no sentido material do termo, suas palavras. Correspondem ao "centro de perspectiva" de Genette ou ao "sujeito da consciência" dos autores americanos. A noção de enunciadores tem sua pertinência linguística na ironia, na negação, nos atos de fala, nos enunciados com "mas", na pressuposição. O objetivo de Ducrot é mostrar a pertinência da metáfora teatral.

Ducrot faz ainda uma divisão no locutor: "locutor enquanto tal" e "locutor enquanto pessoa do mundo", isto é, o locutor visto no seu engajamento enunciativo e o locutor visto como "pessoa completa".

Analogia com a literatura (GENETTE, 1972): o autor coloca em cena as personagens. O locutor, responsável pelo enunciado, dá existência, por meio desse, a enunciadores, de quem ele organiza os pontos de vista e as atitudes.

Ducrot considera o tempo do narrador e do autor. Em *À procura do tempo perdido*, o narrador apresenta acontecimentos que relatam uma visão que não pode ser a sua, no momento em que narra sua história. Os centros de perspectiva nem sempre são do narrador.

	equivalentes literários ↓
locutor.............................	narrador e personagem (quem fala)
sujeito falante..................	autor (quem inventa, imagina)
enunciadores...................	centros de perspectiva (quem vê)

O discurso citado

No discurso relatado em estilo direto: "João me disse: 'eu virei'", temos um enunciado único, dois locutores diferentes, um só sujeito falante, duas enunciações. L1 é responsável pelo enunciado total: "João me disse: 'eu virei'". L2 é responsável por 'eu virei'. Trata-se de polifonia no nível do locutor. Do ponto de vista empírico, temos uma só enunciação, pois, nesse caso, ela é ação de um único sujeito falante, mas a imagem que o enunciado dá dela é a de troca, de um diálogo, ou ainda de uma hierarquia de falas.

Os casos de dupla enunciação são o RED (discurso relatado direto), os ecos, os diálogos internos, os monólogos. O estilo direto implica fazer falar um outro, atribuindo-lhe a responsabilidade da fala, o que não implica que sua verdade tenha uma correspondência literal, termo a termo.[1]

No discurso indireto, a polifonia ocorre com uma fronteira menos delimitada, porque o locutor incorpora linguisticamente na sua fala a fala de L2, o que equivale a dizer que há apenas uma situação de enunciação, a do discurso que cita, e um único locutor. Podemos dizer que o discurso indireto somente é citado em função do seu sentido, porque constitui uma paráfrase da enunciação citada, já que não se reproduz o significante. Essa falta de autonomia enunciativa é responsável pelo desaparecimento das exclamações, das interrogações, dos imperativos etc. do discurso citado e, de uma maneira geral, com prejuízo de todos os níveis da subjetividade enunciativa (pessoas, dêiticos). Muitas vezes é difícil saber no discurso indireto a quem exatamente atribuir as palavras, se ao locutor que cita, se ao citado. Para que o alocutário identifique uma palavra ou outra como sendo do locutor citado, aquele que cita pode marcá-las com aspas ou com um (sic), como é muito comum no discurso da imprensa.

No discurso indireto livre, o locutor fala de perspectivas enunciativas diferentes, mas sem demarcá-las linguisticamente. O discurso indireto livre não se introduz por uma oração subordinada (disse que, falou que, perguntou se etc.) como no discurso indireto, nem por uma ruptura (dissociação de dois atos de enunciação) como no discurso direto. Somente o contexto pode dizer se um enunciado é discurso indireto livre. Na verdade, esse tipo de discurso mistura elementos do discurso direto com os do indireto. Dessa forma, sem a dissociação de dois atos de enunciação e sem a perda total da subjetividade (exclamações, interrogações etc.) enuncia-se em discurso indireto livre.

---

[1] Como nos faz ver Maingeneau (1990), nada garante que no estilo direto a objetividade seja maior. O discurso citado somente tem existência por meio do discurso que o cita. Esse constrói como quer (em estilo direto ou indireto) um simulacro da enunciação citada (MAINGENEAU, 1990, p. 105). Pode-se, por uma contextualização particular, por uma segmentação ou outro recurso, desvirtuar completamente o sentido das palavras do outro. O discurso direto apenas supostamente repete as palavras do outro.

É muito comum não se ter segurança do lugar exato onde começa o discurso indireto livre e onde ele termina, porque muitas vezes a voz do narrador e a da personagem estão muito misturadas.[2]

A função do discurso indireto livre é restituir a subjetividade da linguagem e integrar as falas ao fio da narração. Conforme dissemos, o discurso indireto integra as falas, mas destrói a subjetividade, enquanto o discurso direto mantém a subjetividade ao preço de desintegrar as falas.

Adotando-se o ponto de vista de Ducrot, mesclam-se no discurso indireto livre as vozes de dois *enunciadores* (E1 e E2, o que configura um caso de polifonia), sem que se possa distinguir com clareza o ponto de vista (perspectiva) de onde se fala: se é o ponto de vista do narrador ou da personagem.

A ironia

A ironia, fenômeno de grande sutileza, passível de análises divergentes, é vista por Ducrot como um caso de polifonia. O locutor responsável coloca em cena um enunciador e o faz dizer coisas absurdas e assumir uma posição cuja responsabilidade o locutor não quer admitir. O discurso irônico sustenta, pois, o insustentável por meio de um jogo polifônico. "Vocês veem, Pedro não veio me ver" (de fato, Pedro veio, mas alguém — um enunciador — sustentava que ele não viria). "Pedro não veio" constitui o ponto de vista absurdo, absurdidade de que o locutor não é o responsável. Este assume as palavras, mas não o ponto de vista que elas apresentam. Há casos em que o enunciador ridículo pode ser assimilado ao próprio locutor, tratando-se mais especificamente de casos de autoironia: "Vocês veem bem, está chovendo" (o próprio locutor havia sustentado que

---

[2] Maingeneau (1990) observa, no entanto, que a discordância entre as vozes pode ser uma "pista" para o leitor de que existe mais do que uma instância enunciativa. Outra "pista" seria considerarem-se os elementos que são excluídos desse discurso: 1. subordinação por um verbo de dizer (disse que, falou que etc.); 2. a presença do par dêitico eu/tu, embora possamos encontrar apenas um elemento desse par.

choveria, e não chove). O distanciamento entre a posição do locutor e do enunciador pode ser marcado por índices linguísticos, gestuais ou situacionais. Muitas vezes, por falta desses índices, é o contexto que vai determinar a leitura irônica.[3]

O enunciado irônico não é, pois, da responsabilidade do locutor responsável por sua enunciação[4]. Esse locutor, ao mesmo tempo que *usa* a expressão, *mostra* (mesmo sem marcá-la explicitamente) que ela não é adequada e que deve ser lida com outro significado. Essa estratégia de usar e mostrar configura o que Authier-Revuz (1984) chama de *conotação autonímica*.

---

[3] Segundo Maingeneau (1984b), a ironia é um gesto dirigido a um destinatário, não uma atividade lúdica e desinteressada. Ele considera a divergência entre os analistas quanto à função da ironia: alguns autores a veem como um gesto agressivo, outros a veem como um gesto neutro e até mesmo como uma atitude defensiva, que se destina a desmontar certas sanções ligadas às normas da instituição da linguagem. O interesse estratégico da ironia consiste, no entanto, segundo Maingeneau, nos valores contraditórios do enunciado irônico, sem que este seja submetido às sansões que isso deveria acarretar, o que equivale a dizer que a ironia consiste numa armadilha que permite o "desassujeitamento do locutor", que consegue escapar às normas de coerência que toda argumentação impõe, às regras da racionalidade e da conveniência públicas.

[4] Gostaríamos de ressaltar que nem sempre a ironia envolve questões de intertextualidade ou interdiscursividade, como no caso em que Helga, esposa de Hagar (personagens de Dik Browne), vendo o esposo à mesa bebendo, já bastante "chumbado" pelo álcool, exclama ironicamente: "Vivaaa! vou passar outra noite emocionante com o Sr. Diversão". O amigo, que acompanha Hagar, não tendo entendido o sentido irônico, lê o enunciado em seu "direito" e pergunta: "Não quero ser intrometido, Hagar, mas a Helga está saindo com outro homem?" No exemplo em questão, o companheiro de Hagar, não percebendo a indicação de que o enunciado de Helga deveria ser lido no seu "avesso", entendeu que Helga realmente estava traindo o marido com outra pessoa (Sr. Diversão).

A negação

Ducrot distingue dois tipos de negação que podem ser considerados como casos de polifonia: a polêmica e a metalinguística.

A negação polêmica. Em "Pedro não é gentil", o locutor põe em cena os seguintes enunciadores: E1, com uma asserção positiva relativa à gentileza de Pedro ("Pedro é gentil"); E2, com uma recusa de E1. O enunciador E2 é assimilado ao locutor; E1 é um outro enunciador, que não é o locutor. A enunciação é analisável como encenação do choque entre dois pontos de vista, ou duas atitudes antagônicas, atribuídas a dois enunciadores diferentes: o primeiro assume o ponto de vista rejeitado, e o segundo, a rejeição do ponto de vista. A negação polêmica introduz um ato de refutação.

A negação metalinguística. Em "Pedro não parou de fumar; de fato, ele nunca fumou em sua vida", o enunciado negativo responsabiliza um locutor que enunciou seu positivo correspondente. A negação metalinguística visa atingir o próprio locutor do enunciado oposto, do qual se contradizem os pressupostos: "Pedro não é inteligente, ele é genial".

Os enunciados introduzidos por *ao contrário, pelo contrário*, também são casos de polifonia. "Pedro não é gentil, ao contrário, ele é insuportável". O escopo de "ao contrário, ele é insuportável" não é "Pedro não é gentil", mas "Pedro é gentil", não expresso no enunciado.

Moeschler (1982, apud MAINGENEAU, 1987), argumentando que a negação é um marcador que incide sobre um elemento delimitado, propõe que se considere três tipos de refutação (negação polêmica): a) *retificação* — um enunciado negativo tem valor de retificação se sua estrutura semântica é NEG (p), mas q. Sua estrutura necessita da presença de um conjunto antonímico, que entretém uma relação de oposição (contradição ou contraditoriedade), e que pode ser introduzido por um conector argumentativo *mas* (marcador indicativo de retificação): "A vitória de FHC não é certa, mas provável"; b) *refutação pressuposicional* — visa refutar a pressuposição associada ao elemento rejeitado: "O Presidente não parou de fumar, jamais fumou". A refutação pressuposicional vem acompanhada de uma justificação. No exemplo, o que é refutado é "O Presidente fumava antes"; c) *refutação proposicional* — visa recusar uma asserção sob a forma de uma justificativa. Sua estrutura é NEG (p) uma vez que q: "Este hotel não é bom: não há ninguém nele."

Os atos de fala

A distinção locutor/enunciador fornece um quadro para situar em linguística o problema dos atos de linguagem. No teatro de Molière, Sganarelle (ser grotesco) sustenta a tese da defesa da religião. Em "Você tem a Folha?", ato de fala indireto, o locutor "representa" a dúvida, no sentido em que Molière, por intermédio de Sganarelle, "representa" um certo modo de defender a religião, e, por essa representação, revela uma outra intenção. Ducrot diferencia os atos primitivos, em que há assimilação do locutor ao enunciador, aos derivados, em que o locutor realiza esse ato por colocar em cena enunciadores expressando sua própria atitude.

Mas

É tratado igualmente por Ducrot como um caso de polifonia. "Certamente o tempo está bom, mas estou cansado demais." Dois enunciadores: E1 e E2. O locutor se assimila a E2 e assimila seu alocutário a E1. "Certamente o tempo está bom" é um ato de fala derivado ("concessão"); "Estou cansado demais" é um ato de fala primitivo (o locutor se assimila ao enunciador). Segundo Ducrot, o *mas* (e seus similares) constitui um operador argumentativo por excelência, pois permite contrapor a perspectiva do locutor à de um enunciador.

Pressuposição

Também é tratada como um caso de polifonia. "Pedro parou de fumar". Dois enunciadores: E1, responsável pelo pressuposto "Pedro fumava" e E2, responsável pelo posto. O locutor se assimila a E2. E1 assimila-se ao SE (ON, opinião geral). Em "O Presidente está menos popular", pressupõe-se: "O presidente antes era mais popular". "Você parou de bater na sua mulher" (Pressuposto: "ele é casado e batia na mulher"). O fenômeno da pressuposição é de importância considerável para o analista do discurso.

Não devemos confundir a *pressuposição* com o *subentendido*. A pressuposição está inscrita no enunciado, como um componente linguístico: parou de fumar = "fumava antes"; sua filha chegou = "ele tem uma filha". O pressuposto pertence plenamente ao sentido literal. O subentendido, por sua vez, exige, segundo Ducrot (1984), a intervenção do componente retórico. Exemplo: *Jacques não despreza vinho*. Um subentendido para esse enunciado: "Jacques é alcoólatra". O subentendido permite *acrescentar* alguma coisa "sem dizê-la, ao mesmo tempo em que é dita".

Nominalizações

Todas as nominalizações são vistas como casos privilegiados de polifonia: "a degradação da situação", "a melhoria do nível de vida do brasileiro" (*melhoria = nome substantivo*). Já está afirmado em outro lugar, anterior, que a situação se degradou, que o nível de vida do brasileiro melhorou.

A ABORDAGEM DE AUTHIER-REVUZ
(heterogeneidade mostrada, marcada e não marcada)

Authier-Revuz (1984) distingue no conjunto das formas de heterogeneidade mostrada as formas marcadas (discurso direto, aspas, itálicos, incisos de glosa) e as formas não marcadas, em que o outro é dado a conhecer sem uma marca unívoca (o discurso indireto livre, a ironia, o pastiche, a imitação, as metáforas, os jogos de palavras).

Formas que acusam a presença do outro (heterogeneidade mostrada):

1. o discurso relatado direto e o discurso relatado indireto.
2. as formas de *conotação autonímica*: por meio das aspas, do itálico, de entonações específicas, do comentário, da glosa, do ajustamento etc., o locutor inscreve o outro no seu discurso, sem que haja interrupção do fio desse discurso.
3. o discurso indireto livre, a ironia, a antífrase, a alusão, a imitação, a reminiscência, o estereótipo, cuja estrutura enunciativa pode ser religada à da conotação autonímica.

Authier-Revuz fala ainda em "autonímia simples" (exemplo: o discurso direto), em que a heterogeneidade constitui um fragmento mencionado entre os elementos linguísticos do discurso, havendo ruptura sintática, caso de dupla enunciação. A autora fala ainda em "conotação autonímica", caso em que se conjuga menção e uso (elementos entre aspas, itálico). Na conotação autonímica, o fragmento designado como "outro" é integrado ao fio do discurso sem ruptura sintática: de estatuto complexo, o elemento mencionado é inscrito na continuidade sintática do discurso ao mesmo tempo que remete a um exterior.

Na palavra entre aspas (ou em itálico) da conotação autonímica, não há ruptura sintática: a expressão aspada é ao mesmo tempo usada e mencionada: *Sinal dos tempos: a imprensa "feminina" cede no momento em que a mulher se afirma.* A colocação entre aspas equivale a uma glosa do tipo "como diz X", em que X pode remeter aos mais variados enunciadores: opinião pública, certos indivíduos pertencentes a certas classes ou grupos sociais etc. As palavras aspadas são atribuídas a um outro espaço enunciativo cuja responsabilidade o locutor não quer assumir, ao espaço enunciativo exterior, isto é, de uma outra formação discursiva. Segundo Authier-Revuz, podem-se atribuir várias funções à operação de distanciamento pelas aspas: aspas de diferenciação, aspas de condescendência, aspas pedagógicas (no discurso de vulgarização científica), aspas de proteção (para indicar que a palavra utilizada é apenas aproximativa, daí o objetivo ser proteger-se da crítica de seu interlocutor), aspas de ênfase etc. As aspas mantêm os termos aspeados à distância e constituem sempre um sinal a ser decifrado pelo interlocutor. O locutor, consciente ou inconscientemente, realiza uma certa representação de seu interlocutor e oferece a esse uma imagem de si mesmo.

Exemplo de menção: "A palavra *feminina* tem cinco letras".

Exemplo de uso: "Pedro prefere as mulheres bastante femininas".

Exemplo de menção e uso (conotação autonímica): "A imprensa 'feminina' cede no momento em que a mulher se afirma" — A palavra "feminina" é, ao mesmo tempo, mostrada, marcada como estranha, como um "exterior", pertencente a um outro lugar enunciativo e integrada à sequência do enunciado, sem ruptura sintática. É muito comum o uso desses recursos em diferentes formações discursivas. As aspas questionam de alguma forma o caráter totalmente apropriado da palavra ou expressão e designam uma linha de demarcação que uma formação discursiva estabelece entre ela e seu exterior. O discurso usa e mantém a distância aquilo que ele efetivamente coloca fora do seu próprio espaço. Como diz Maingeneau, uma formação discursiva se estabelece entre estes dois limites: um discurso totalmente entre aspas, do qual nada é assumido, e um discurso sem aspas, que pretenderia não estabelecer relação com o exterior.

Exemplos de glosas: "como dizem os especialistas", "para falar metaforicamente", "se podemos dizer", "dizendo de outro modo", "para falar como os pedagogos", "para parecer erudito" etc. Nos dois últimos exemplos, o locutor procura construir uma imagem de si mesmo, diferenciando-se eventualmente de uma outra.

Exemplos de ajustamento ou de acordo entre dois interlocutores quanto à adequação da palavra à coisa e à situação: "metaforicamente", "de alguma forma", "se é possível dizer que", "sem falar propriamente", "eu ia dizer X, acabei dizendo Y", "se você assim o quiser", "desculpe-me a palavra", "se se pode exprimir dessa forma a respeito de X", "ou melhor", "no sentido X da palavra", "em todos os sentidos do termo" etc.

A presença das glosas se explica porque o dito é frequentemente atravessável por um metadiscurso mais ou menos visível, que realiza um trabalho de ajustamento dos termos a um código de referência.

Do ponto de vista da Análise do Discurso, o metadiscurso do locutor apresenta um grande interesse, pois permite descobrir os "pontos sensíveis" no modo como uma formação discursiva define sua identidade em relação à língua e ao interdiscurso. Cada glosa se apresenta como a exibição de um debate com as palavras. Segundo Authier-Revuz, por meio da glosa assiste-se a uma dupla afirmação da unidade da formação discursiva: ela faz acreditar que é possível circunscrever a indeterminação do discurso, o erro, o deslizamento, ao mesmo tempo que determina, por diferença, um interior, o do discurso que, ao significar seus pontos de divergência com seu exterior, marca seu próprio território em campo, onde a luta pela existência passa pelo domínio de um certo número de significantes. Pelo seu poder metadiscursivo, o sujeito denega o lugar que lhe destina a formação discursiva em que se constitui: em lugar de receber sua identidade desse discurso, ele parece construí-la ao tomar distância, instaurando ele mesmo as fronteiras pertinentes.

Cada tipo de discurso tem uma caracterização peculiar com referência a esse tipo de heterogeneidade. Há os que são saturados dessas marcas. Há outros que não as exibem. É o caso dos discursos dogmáticos (que Bakhtin chama de "monólógicos"), que se apresentam como homogêneos: o discurso científico e o poético. A linguagem da poesia é monológica na medida que ela ignora a distância (a linguagem do poeta é sua linguagem sem aspas, por assim dizer).

O discurso de vulgarização científica, que tem por objetivo "colocar sob uma forma acessível ao grande público o resultado das pesquisas científicas", pertence, segundo Authier-Revuz, ao conjunto de práticas de reformulação e se apresenta com uma característica peculiar: à diferença do manual escolar, ou de uma outra ordem de reformulação, o da tradução interlingual, o discurso de vulgarização científica designa continuamente, como dois exteriores, o discurso científico-fonte e o discurso familiar do grande público, entre os quais ele se coloca em cena como atividade de reformulação.

No mecanismo da interação enunciador/enunciatário, as aspas podem assumir um valor bastante considerável. O texto se inscreve numa cena enunciativa cujos lugares de produção e de interpretação são atravessados por antecipações, proteções de imagem a uma crítica esperada, imagem imposta pelos limites de uma formação discursiva. Por isso, o locutor pode usar as aspas para proteger-se de uma crítica do leitor que espera do autor um certo distanciamente com relação a certo sentido da palavra.

OUTRAS FORMAS DE HETEROGENEIDADE MOSTRADA

Maingeneau (1987), considerando os trabalhos de Ducrot sobre a polifonia e também os de outros autores, como Authier-Revuz, considera como casos de heterogeneidade enunciativa ou mostrada: o discurso direto, indireto e indireto livre, a ironia, a pressuposição ("O governo não quer mais decidir...", em que um enunciador defende o posto e outro defende o pressuposto), a negação polêmica (dois enunciadores: um assume o ponto de vista rejeitado e outro a rejeição do ponto de vista), as palavras entre aspas, as glosas (parafrasagem), a autoridade, o provérbio, o slogan, a imitação e o pastiche.

Vejamos alguns casos considerados por Maingeneau:

Reformulações parafrásticas (metadiscursivas)

Maingeneau (1987) atribui um lugar privilegiado à parafrasagem como operação metadiscursiva. O enunciador exerce sua capacidade metalinguística pelas "metapredicações de identificação": "isto quer dizer", "dito de outra forma", "é preciso compreender por meio disso", "isto equivale a admitir que" etc. Essas expressões servem para tornar equivalentes (ou pelo menos se tenta), no discurso, dois termos cuja equivalência não é instituída pela língua.

Para o locutor que parafraseia, a operação consiste em colocar-se em uma posição de exterioridade relativa face ao intradiscurso do seu próprio discurso. Ele representa a enunciação como sendo um lugar de obstáculos à comunicação ou problemas que necessitam ser superados. A superação desses problemas ele tenta fazer pelas reformulações parafrásticas. A parafrasagem (metadiscursiva) aparece na AD, segundo Maingeneau, "como uma tentativa para controlar em pontos nevrálgicos a polissemia aberta pela língua e pelo interdiscurso. Fingindo dizer diferentemente a "mesma coisa" para restituir uma equivalência preexistente, a paráfrase abre, na realidade, o bem-estar que pretende absorver; ela define uma rede de desvios cuja figura desenha a identidade de uma formação discursiva" (p. 96). A paráfrase metadiscursiva acaba colocando o locutor que dela se utiliza num plano acima do locutor comum, em termos de locutor "autorizado". Enquanto o segundo se contenta em usar as palavras com todas as armadilhas e imperfeições que elas apresentam como palavras disponíveis, o primeiro tem delas um domínio maior, no sentido em que é capaz de dominar essas armadilhas e imperfeições.

A citação de autoridade

As formações discursivas supõem coletividades de falantes que partilham de um conjunto de enunciados *fundadores*, os quais constituem verdadeiro tesouro de "sabedoria". Sem esse tesouro de crenças e verdades, a comunidade não seria o que é. O enunciador desses enunciados intangíveis é um Locutor Superior que garante a validade da enunciação em que o enunciado fundador é citado. O locutor que cita se transforma, diante desses enunciados, num mero suporte contingente, apagando-se diante do Locutor Maior.

Vejamos um exemplo no discurso em que FHC faz um balanço de seu governo: "Que governo fez mais do que o nosso pela reforma agrária? Trezentas mil famílias assentadas (...). É ou não é palavra vã, que se perde, por certo, diante dos dados? E o que nós estamos aqui mencionando são fatos, fatos. E, contra fatos, não há retórica." "Contra fatos não há retórica", palavra de verdade, buscada em sua fonte, enunciado fundador da comunidade de falantes de que o locutor faz parte, é utilizado por este como um recurso para garantir a validade de sua enunciação.

Slogan

A citação de autoridade pode chegar ao estatuto do slogan, recurso muito usado em alguns tipos de discurso, sobretudo no discurso de propaganda e marketing. Muito utilizado também em campanhas políticas, em propaganda de governo. O slogan está ligado a práticas e a ações, a um só tempo, como diz Maingeneau, "impulsiona e engana". O slogan presume a ausência de um enunciador e consegue alcançar seu objetivo quando o enunciatário tem a ilusão de ser ele mesmo enunciador.

"Todo mundo tenta, mas só o Brasil pode ser penta" foi o slogan brasileiro na disputa pela Copa do Mundo de Futebol em 1998, que tinha por objetivo fazer os brasileiros acreditarem como certa a vitória.

Provérbio

A citação de autoridade também pode chegar ao status de provérbio. Segundo nos mostra Maingeneau, os provérbios não pertencem a certos discursos em particular, mas à própria língua, do dicionário dessa, por isso, quando um locutor cita as "verdades imemoriais" de um provérbio, ele não o faz de um lugar reconhecido apenas por uma determinada coletividade, mas pelo conjunto de falantes da língua do qual o locutor que cita faz parte. Em sentido estrito é impossível citar um provérbio ou relatá-lo. O que é possível é referi-lo a um Outro absoluto no qual o locutor estaria incluído por direito.

Exemplo de citação por provérbio: *"Como podemos censurá-los por não quererem morar com os pais se quem casa quer casa?"* O locutor responsável toma a "verdade imemoriável" do provérbio "quem casa querer casa" para dar validade à sua enunciação. Ele, como locutor, se apaga diante do Locutor do provérbio.

Outro exemplo: "A união faz a força" constituiu a introdução do programa de governo de Lula, na corrida presidencial de 1998. O provérbio, como título da introdução, serviu para ressaltar o fato de que pela primeira vez a esquerda brasileira estava unida em torno de uma candidatura presidencial, com Lula (PT) como candidato a presidente e Brizola a vice (PDT). Nas eleições de 1989 e 1995, o PDT lançou candidatura própria e, só no segundo turno, Brizola apoiou Lula.

Imitação

Maingeneau distingue quatro tipos de imitação, quer ela incida sobre um gênero discursivo ou um texto particular, quer ela faça uma captação do imitado ou uma subversão deste:

a) captação de um gênero;

b) captação de um texto singular e de seu gênero;

c) subversão de um gênero;

d) subversão de um texto particular e de seu gênero.

Quando a imitação incide sobre um gênero, para captá-lo ou subvertê-lo, pode não remeter a nenhum texto autêntico, conhecido dos alocutários, ou pode remeter sobre um texto particular e absorver o seu gênero. Na captação, o locutor se beneficia da autoridade ligada à enunciação imitada; na subversão, ele procura arruiná-la, desqualificando-a, por meio do próprio movimento de imitação. As duas fontes de enunciação, a do citado e a do que cita, se mantêm hierarquizadas, embora a subversão possa não ser percebida como tal, restando, nesse caso, somente uma fonte enunciativa.

A imitação não se confunde com a paródia, já que esse termo é utilizado de modo depreciativo.

Uma prática de imitação ocorreu com muita frequência entre os autores clássicos. Para estes, imitar (mimese) não significa plagiar, mas acomodar a experiência deles à realidade contemporânea. Gêneros, temas, textos eram transpostos e acomodados a uma outra época, porque se acreditava que esses temas eram "eternos" e sensibilizariam os homens de todos os tempos. Um exemplo de imitação é o que La Fontaine, escritor francês, faz das fábulas do grego Esopo. Fedro, no entanto, escritor latino, já o havia imitado. Virgílio imita a *Ilíada* de Homero, enquanto Camões imita a *Eneida* de Virgílio. Essa prática de imitação se sustenta na concepção de Arte de Aristóteles: "A Arte é a imitação das coisas como elas deveriam ser".

Todos os processos acima apresentados constituem um recurso material de grande interesse para a Análise do Discurso em sala de aula, pois um leitor atento pode desvendar, por meio deles, o "outro" do discurso, as outras vozes, sobretudo as que se escondem para se impor. Somente assim poderá, pelos recursos que a língua oferece, dominar os investimentos sociais, históricos e ideológicos dos discursos.

Muitos discursos se valem das nominalizações como uma forma de introduzir uma "verdade" já posta, um "dado inquestionável". O enunciador dessa "verdade" é anônimo, não se precisa enunciá-lo, já que o que vale é o "fato" em si mesmo, incontestável, que constitui, por isso mesmo, alguma coisa já dada pelo discurso. Ao utilizar um recurso como esse não se coloca em discussão a verdade ou a falsidade do enunciado nominalizado. Por exemplo, em "a melhoria do nível de vida do brasileiro com o plano real", não se discute se o nível de vida do brasileiro melhorou ou não.

Os enunciados com *mas* também constituem um material rico para a prática discursiva em sala de aula voltada para a leitura polifônica. É muito comum o membro do enunciado introduzido por *mas* não refutar o primeiro membro do enunciado, mas um pressuposto ideológico: "Ela é mulher, mas é inteligente" (pressuposto ideológico refutado: toda mulher é burra). É muito comum, também, o primeiro membro do enunciado (que *mas* refuta) ser a voz de uma opinião geral (ON), ou de um posicionamento ideológico: "Devemos ser tolerantes com o próximo, mas é burrice demais para agüentar".[5]

Na formação do aluno/leitor, é preciso estar também atento ao fato de que esses recursos (tornamos a repetir!) não são neutros. As interpretações dadas aos subentendidos nunca podem ser aleatórias,

---

[5] A abordagem de Ducrot não se ocupa do discurso como um lugar de investimentos sociais, históricos, psíquicos, ideológicos. Mas podemos manter essa concepção de discurso e ao mesmo tempo considerar, no tecido enunciativo, a divisão do sujeito em locutor, sujeito falante e enunciador.

pois elas são em grande parte determinadas pelas posições daqueles que as sustentam. O recurso da citação também não é totalmente livre, pois está sempre sujeito às determinações que a formação discursiva impõe. Aquele que cita sempre o faz de um lugar determinado, que regula a citação.

HETEROGENEIDADE CONSTITUTIVA

A ABORDAGEM DE MAINGENEAU

Com base em Courtine (1981), Maingeneau (1984, 1987) afirma o primado do interdiscurso sobre o discurso. Defende que uma formação discursiva não deve ser concebida como um bloco compacto, homogêneo, que se oporia a outros (o discurso comunista contra o democrata-cristão), mas como uma realidade heterogênea por si mesma.

É preciso definir uma formação discursiva a partir de seu interdiscurso que, conforme já foi afirmado anteriormente, é concebido como um processo de reconfiguração incessante no qual uma formação discursiva é levada a incorporar elementos pré-construídos, produzidos fora dela, com eles provocando sua redefinição e redirecionamento, suscitando, igualmente, o chamamento de seus próprios elementos para organizar sua repetição, mas também provocando, eventualmente, o apagamento, o esquecimento ou mesmo a denegação de determinados elementos.

A formação discursiva aparece como lugar de um trabalho no interdiscurso. Ela é um domínio "inconsistente, aberto e instável, e não uma projeção, a expressão estabilizada da 'visão de mundo' de um grupo social". Coloca-se o primado da contradição, que une e divide ao mesmo tempo os discursos, que faz da própria individuação um processo contraditório.

Com Courtine, Maingeneau defende que toda formulação está colocada, de alguma forma, na interseção de dois eixos: o "vertical", do pré-construído, do domínio da memória (memória presumida pelo enunciado como inscrito na história), e o "horizontal", da linearidade do discurso, que oculta o primeiro eixo, já que o sujeito enunciador é produzido como se interiorizasse de forma ilusória o pré-construído que sua formação discursiva impõe. Ao domínio da memória se associa o domínio da atualidade, aquele das sequências que, em torno de um acontecimento, se refutam, se apoiam etc., em uma conjuntura definida.

Maingeneau propõe ao analista o interdiscurso como objeto. Deve-se apreender, de imediato, não uma formação discursiva, mas a interação entre essas formações. Isso significa que a identidade discursiva está construída na relação com o Outro. Não se distinguirão, pois, duas partes em um "espaço discursivo", a saber, as formações discursivas por um lado, e suas relações por outro, mas entender-se-á que todos os elementos são retirados da interdiscursividade.

Mesmo na ausência de qualquer marca de heterogeneidade mostrada, toda unidade de sentido, qualquer que seja seu tipo, pode estar inscrita em uma relação essencial com uma outra, aquela do ou dos discursos em relação aos quais o discurso de que ela deriva define sua identidade. Um enunciado de uma formação discursiva pode, pois, ser lido em seu "direito" e em seu "avesso": numa face, significa que pertence ao seu próprio discurso, na outra, marca a distância constitutiva que o separa de um ou vários discursos.

Dizer, pois, que a interdiscursividade é constitutiva é dizer que um discurso nasce de um trabalho sobre outros. Quando uma formação discursiva faz penetrar seu Outro em seu próprio interior, por exemplo, sob a forma de uma citação, ela está apenas "traduzindo" o enunciado desse Outro, interpretando-o pelas suas próprias categorias.

Num espaço discursivo considerado, o sentido não é nada estável, mas se constrói no intervalo entre as posições enunciativas. Cada uma das formações discursivas do espaço discursivo só pode traduzir como "negativas", inaceitáveis, as unidades de sentido construídas pelo seu Outro, pois é por essa rejeição que cada uma define sua identidade. Uma formação discursiva opõe dois conjuntos de categorias semânticas: as reivindicações "positivas" e as "negativas", recusadas.

Maingeneau chama de **discurso agente** aquele que se encontra em posição de "tradutor", de construtor do simulacro, e de **discurso paciente** aquele que dessa forma é traduzido. Em uma polêmica, por exemplo, os papéis de agente e paciente se alternam constantemente.

Um discurso supõe mais que uma memória das controvérsias que lhe são exteriores; à medida que aumenta o *corpus* de suas próprias enunciações, com o passar do tempo, e com a sucessão das gerações de enunciadores, vê-se desenvolver uma memória polêmica interna. Dessa forma, o discurso é mobilizado por duas tradições: a que o funda e a que ele mesmo, pouco a pouco, instaura.

A ABORDAGEM DE AUTHIER-REVUZ

De acordo com Authier-Revuz (1982, 1984), a heterogeneidade constitutiva não revela o outro e é concebida no nível do interdiscurso e do inconsciente. Na concepção desse tipo de heterogeneidade, Authier se vale de uma parte dos trabalhos que colocam o discurso como produto do interdiscurso, tal como ele foi concebido na Análise do Discurso francesa (Pêcheux, Marandin, Courtine). De outra parte, ela retoma a temática do dialogismo de Bakhtin e trabalha com o tema do sujeito e de sua relação com a linguagem por meio de uma abordagem psicanalítica (a releitura de Freud por Lacan).

O que Authier-Revuz entende como o "outro": as palavras de outro, uma outra língua (Ex. al dente), um outro registro discursivo (familiar, jovem; ex.: *eles não namoram, eles ficam, para tomar uma expressão da geração jovem*), um outro discurso (técnico, feminista, marxista, integralista: ex.: *o socialismo existente, como o partido comunista insiste em dizer*), uma outra forma de tomar o sentido de uma palavra (*uma contradição, no sentido materialista do termo; o destino, no sentido dos gregos*), o interlocutor.

Tal como Bakhtin coloca, o dialogismo é condição de existência de todo discurso. O dialogismo, ou o princípio segundo o qual nós sempre falamos com as palavras de outros, se efetiva em dois níveis: 1) é lei do discurso constituir-se de "já-ditos" de outros discursos, o que levou a Análise do Discurso francesa a defender que o discurso é produzido no e pelo interdiscurso; 2) o discurso não existe independentemente daquele ao qual é endereçado, o que implica que a visão do destinatário é incorporada e determina o processo de produção do discurso.

Esse duplo dialogismo participa daquilo que Authier-Revuz chama de "heterogeneidade constitutiva" de todo discurso, que não aparece marcada linguisticamente no fio do discurso e da qual o locutor não tem consciência. É por meio de uma abordagem que coloca em relação um texto e um contexto discursivo que a autora acredita que possamos tentar colocar em dia certos aspectos do trabalho do dialogismo.

Para elaborar o conceito de heterogeneidade constitutiva, Authier articula o conceito de dialogismo de Bakhtin com o seu de heterogeneidade constitutiva da linguagem. Situando-se numa perspectiva também exterior à Linguística, mostra ainda como a Psicanálise (Lacan) questiona a unicidade significante da concepção homogeneizadora da discursividade.

Entendendo o sujeito como um efeito de linguagem, a psicanálise busca suas formas de constituição não em uma "fala homogênea", mas na diversidade de uma "fala heterogênea que é consequência de um sujeito dividido" entre o consciente e o inconsciente. O inconsciente é o capítulo censurado da história do indivíduo. Ele pode ser recuperado ou reconstruído a partir de traços deixados por esses apagamentos, esquecimentos, cabendo ao analista a tarefa de reconstrução, que se faz por um trabalho de regressão ao passado na e pela palavra, buscando-se "a restauração do sentido pleno das expressões empalidecidas" (Freud), ou seja, "a regeneração do significante" (Lacan).

O trabalho analítico se funda na transgressão das leis normais da conversação, em que se articula o discurso com seu avesso, na medida em que "se tenta fazer aparecer ao sujeito, em sua fala, o que se diz, à sua revelia, à revelia de seu desejo". O discurso não se reduz a um dizer explícito, pois ele é permanentemente atravessado por seu avesso. Para a psicanálise, o inconsciente é uma cadeia de significantes que se repete e insiste em interferir nas fissuras que lhe oferece o discurso efetivo.

A hipótese defendida por Authier-Revuz: a heterogeneidade mostrada não é um espelho da heterogeneidade constitutiva, apesar de ser dependente desta. A heterogeneidade mostrada constitui uma forma de negociação do sujeito falante com a heterogeneidade constitutiva, cuja forma "normal' se assemelha ao mecanismo de denegação (negação explícita que o sujeito opõe ao reconhecimento de um elemento oprimido, segundo Freud). O locutor circunscreve o outro, por meio de marcas explícitas, de modo a garantir que o restante do discurso é seu. Seu discurso é separado, é garantido, defendido na denegação pelas formas marcadas da heterogeneidade mostrada. Quanto às formas não marcadas de heterogeneidade mostrada (o discurso indireto livre, a ironia, as metáforas), representam a incerteza que caracteriza a descoberta do outro — trata-se de uma outra forma de negociação com a heterogeneidade constitutiva: uma forma mais arriscada, a dissolução do outro no um.

Dar um lugar à heterogeneidade mostrada, ou articulá-la à heterogeneidade constitutiva, sob o modo de negociação (denegação), constitui a modalidade "normal" de muitos tipos de discurso. Trata-se de uma ilusão necessária do sujeito conceber-se como um enunciador dotado de escolhas, de intenções, de decisões. É próprio de toda formação discursiva dissimular na transparência do sentido que aí se forma a objetividade material contraditória do interdiscurso determinante

Para Authier-Revuz, não se trata de assimilar uma heterogeneidade à outra, nem de imaginar uma relação simples, de imagem, de tradução, de projeção de uma na outra. São duas ordens de realidade irredutíveis, mas articuláveis e mesmo necessariamente solidárias.

PARTE II

ANÁLISE DE TEXTOS

O DISCURSO DA PROPAGANDA

Qual a importância do conceito de discurso, como um conjunto de enunciados que remetem a uma formação discursiva, para o ensino/aprendizagem de língua materna?

Para responder a essa questão, consideremos a variedade de discursos que circulam socialmente. Cada um constituindo um espaço de regularidades associadas a certas condições de produção: o discurso científico, o discurso literário, o discurso jornalístico, o discurso da propaganda, o discurso religioso, para não citarmos outros. Parece-nos de fundamental importância dominar algumas das regras que determinam o exercício de sua função enunciativa.

O discurso de propaganda e marketing constitui um material privilegiado para a prática escolar de ensino/aprendizagem de língua materna. A reflexão sobre a linguagem na sala de aula por meio do funcionamento desse tipo de discurso produzido em nossa sociedade, ao qual estamos expostos no nosso dia a dia, sobretudo pela mídia, pode ser um elemento poderoso para ajudar a fazer da escola um espaço mais transformador do que reprodutor, a formar alunos leitores e produtores de textos conscientes do lugar que ocupam na sociedade e capazes de reagir criticamente àquilo que se institui.

À guisa de ilustração, consideremos um texto de propaganda da XEROX, publicado no jornal *Folha de S. Paulo*, em 30/6/98. Num primeiro plano, em letras amarelas, sobre um fundo verde, aparece o enunciado: SELEÇÃO CAMPEÃ DA XEROX. Mais abaixo, quatro modelos de copiadoras com suas características e as possibilidades de cada uma. Abaixo, no canto esquerdo, fora do fundo verde, o enunciado: ESCALE O SEU CRAQUE E FAÇA UMA GOLEADA DE PRODUTIVIDADE. À direita, outro enunciado: LIGUE AGORA MESMO: 0800-15-4444. E abaixo desse enunciado, THE DOCUMENT COMPANY, escrito em preto, tendo abaixo, centralizado, XEROX, escrito em vermelho.

O discurso da propaganda tem por objeto atingir o alocutário, de modo a levá-lo a uma ação específica, que é a de comprar o produto que se apresenta. Nesse sentido, a linguagem é uma forma de ação, orientada para influenciar pessoas, e a interação entre o locutor e o alocutário se estabelece via de regras determinadas.

A representação do locutor no discurso de propaganda normalmente se faz por meio de um jogo ambíguo em que o *eu* não se apresenta como tal, mas como um *ele*, uma terceira pessoa, um referente, criando, dessa forma, uma ilusão de objetividade. No nosso exemplo, a XEROX, o locutor, fala de si mesma e dos seus produtos ("Seleção campeã da Xerox") como um objeto do discurso. O locutor, no discurso de propaganda, normalmente não se revela como locutor.

A representação do alocutário, no discurso da propaganda, é peça-chave de todo o processo. Pode ser feita por meio de um *você*, uma entidade autônoma, independente do locutor *eu*, que ganha uma ilusória identidade no processo de alocução. *Você* visa a um interlocutor anônimo, a interpelá-lo, de modo que esse se identifique como sendo de fato o *você* da interpelação. Para que essa interpelação se efetive, o leitor, afetado, passa a ser sujeito situado na formação discursiva que o interpela. No caso do nosso exemplo, o leitor interpelado é brasileiro, já dono de um negócio ou que possa vir a montar o seu, amante de futebol (o que equivale a dizer, *todo brasileiro*).

O discurso da propaganda lança mão de recursos linguísticos, tais como imperativos (ou formas equivalentes), e usa normalmente enunciados (no sentido de Foucault) de um campo lexical de uma determinada formação discursiva, na qual o alocutário se situa como sujeito. Esse parece ser o caso específico do nosso texto. O léxico utilizado, assim como os enunciados, pertencem à formação discursiva do discurso futebolístico de Copa do Mundo ("seleção campeã", "escale o craque", "faça uma goleada"). O leitor, num momento em que se disputava a Copa do Mundo na França e o Brasil era um dos favoritos, estava sendo interpelado, pelo discurso futebolístico, pela instituição XEROX, de modo a se identificar com aquilo que ela simbolizava ("uma campeã") e oferecia ("goleada de produtividade").

O discurso da propaganda lança mão de outros recursos simbólicos que não a linguagem verbal. No caso do nosso exemplo, o verde e o amarelo foi o recurso utilizado, de modo que locutor (XEROX) e alocutário (brasileiro amante do futebol e de negócios lucrativos) se sentissem situados num mesmo plano, comungando os mesmos ideais verde-amarelo da seleção brasileira de futebol.

Um texto como este oferece a oportunidade de se trabalhar com os alunos: 1. aspectos pragmáticos: a relação entre eu (locutor) e tu (alocutário), a representação do locutor e a do alocutário e a forma de se influenciar alguém pelo discurso (no caso, levar o alocutário a adquirir o produto); 2. aspectos discursivos: discutir o papel da propaganda na nossa sociedade, discutir a função da propaganda na mídia como um dos mais importantes "aparelhos ideológicos" da atualidade (se não o mais importante), discutir o lugar social do alocutário (leitor dos textos de propaganda) como consumidor de produtos etc.; 3. aspectos gramaticais: o léxico empregado (o vocabulário de um determinado campo semântico — futebol — utilizado num outro campo semântico — tecnologia), a morfologia (a forma do imperativo, dos pronomes), a sintaxe (o emprego do imperativo e dos pronomes, sua função); 4. aspectos intersemióticos: a diferença entre signos verbais (a palavra ou o signo linguístico, constituído de um significante e de um significado, enfatizando-se que esse significado é constituído no interior das formações discursivas) e signos não verbais (a cor, a fotografia); 5. a construção de novos textos, em que o aluno se coloca como locutor e oferece seu "produto".

Apresentamos a seguir outros quatro textos publicados em *O Estado de S. Paulo* (1/4/89), cada qual numa página diferente (ver Anexos). Com relação a esses quatro textos, existem elementos *discursivos* que os aproximam e outros que os diferenciam. Uma análise atenta pode dar conta dos elementos comuns e dos diferenciadores, procurando explicar os efeitos pretendidos por meio deles.

Os textos têm como elemento unificador um mesmo discurso, de propaganda e marketing, cuja finalidade, conforme dissemos acima, é influenciar pessoas, levando-as a comprar o produto que se oferece.

O locutor também é o mesmo, SULACAP. Repete-se o jogo ambíguo da enunciação de que falamos acima: o *eu* se apresenta não como um locutor, mas travestido da objetividade de um *ele*, uma terceira pessoa, como se fosse um referente, aquilo de que se fala.

O que muda em cada texto é o alocutário. O dêitico *Você*, em cada texto, tem uma referência específica: o jogador de futebol, a cozinheira, o músico, o relojoeiro. Cumpre dizer que os anúncios de publicidade vendem a imagem daqueles que consomem seu produto.

O alocutário é determinante do léxico empregado, que também muda. Daí "ganhar uma bolada", "entrar para o time", "jogar para o escanteio", no texto em que se interpela o jogador de futebol. "Por a mão no tutu", "a receita", "experimentar", na interpelação da cozinheira. "Tirar uma nota alta", "ser batuta", "afinar com a sorte", "ganhar uma gaita", na interpelação do músico. "Ficar rico de uma hora para outra", "acertar os ponteiros", "a sua hora chega", na interpelação do relojoeiro.

Um material de análise como esse é excelente não só para se tratar, dependendo do nível de escolaridade dos alunos, da questão ideológica da interpelação do locutor como também para se tratar, num plano linguístico-discursivo, de questões como a *polissemia* e a *paráfrase*.

Uma expressão muda de sentido de uma formação discursiva para outra, o que configura um caso de polissemia. No discurso do futebol, com a expressão "jogar para o escanteio", entende-se que a bola é jogada para o escanteio do campo de futebol; no discurso do cotidiano, "jogar para o escanteio", expressão de uso popular, significa ignorar ou rebaixar alguém. Da mesma forma, "ganhar uma bolada", no discurso do futebol, significa que o jogador foi atingido com a bola em alguma parte do corpo, ao passo que, no discurso do cotidiano, "ganhar uma bolada", expressão popular, significa receber muito dinheiro (ficar rico).

"Ganhar uma bolada", "tirar uma nota alta", "pôr a mão no tutu", "ficar rico de uma hora para outra" são expressões sinônimas no interior da formação discursiva do discurso do cotidiano e significam "ganhar muito dinheiro".

É interessante assinalar o jogo da polissemia e da sinonímia nesses textos: a polissemia reparte os discursos, separa os alocutários; a sinonímia os une num mesmo discurso. É, ao mesmo tempo, pela polissemia e pela sinonímia que é feita a interpelação do interlocutor.

DIÁLOGO E DIALOGISMO

É necessário que se enfatize em sala de aula que o dialogismo é um elemento constitutivo da própria linguagem, dado que toda prática de linguagem tem como referência o outro, um interlocutor. Fala-se ou se escreve sempre para um interlocutor, real ou virtual, presente ou ausente, mas, assim como o locutor, situado historicamente. Esse interlocutor condiciona tanto aquilo que se diz como a forma de se dizer. Como esperar que os alunos produzam textos sem esse interlocutor?

O termo "diálogo" é polissêmico porque se aplica tanto a uma situação de interlocução em que os interlocutores se revezam nos papéis de locutor e alocutário (como nas situações de fala face a face), como a uma situação em que o interlocutor é real, mas não se encontra numa situação de interação face a face (por exemplo, uma carta de uma mãe para o filho que está estudando em outra cidade), ou é virtual, como no caso da escrita jornalística, científica, literária etc. Por essa razão, achamos que se deve usar o termo "diálogo" para a primeira situação, em que o texto é construído cooperativamente pelos interlocutores na interação face a face, e reservar o termo "dialogia" ou "dialogismo" para essa condição mais ampla da linguagem, que faz com que todo texto se insira numa situação de interlocução, devendo sempre ter um alocutário instituído, mesmo quando não haja indícios explícitos dessa condição.

É necessário que o aluno tenha consciência dessa diferença. Que saiba que há textos em que a interação não é face a face, mas ainda assim existe interação (um eu e um tu interagindo). E que possa sempre produzir ambos os tipos de textos.

Explicitaremos essa diferença por meio da análise do texto *Athayde e Brizola falam de populismo* (ver Anexo).

Com relação ao texto, cujo autor é Lula Marques, podemos dizer que o contato entre o locutor (o jornalista) e o alocutário (o leitor) é o texto escrito, publicado em jornal. O processo de enunciação é acionado duas vezes (embora *empiricamente* tenhamos uma só enunciação e um só enunciador). Existem dois planos enunciativos, cada qual com suas próprias marcas de subjetividade, o que equivale a dizer um plano do discurso que cita e outro do discurso citado.

O primeiro plano enunciativo, sem qualquer marca de subjetividade de pessoa (eu, meu), mas marcado temporalmente pelo indicador *ontem*, tem como locutor responsável Lula Marques, que introduz o segundo plano enunciativo: a interação verbal entre Brizola e Athayde (locutores do segundo plano enunciativo). Essa interlocução do segundo plano é oral, do tipo face a face.

O locutor do primeiro plano coincide com o autor do texto. Seu interlocutor é virtual, mas instituído: o leitor da *Folha de S. Paulo*, diga-se de passagem um leitor bastante exigente, atento a tudo o que se publica no jornal. Esse nível de exigência se revela pelas cartas publicadas no jornal na seção "Painel do Leitor".

O perfil do leitor e esse seu nível de exigência fazem parte das condições de produção do primeiro plano enunciativo, ou da relação entre o locutor (o jornalista) e o alocutário (o leitor) por meio do texto escrito, publicado em jornal. Que lugar o locutor (jornalista da *Folha*) e o alocutário (leitor da *Folha*) atribuem a si mesmo e ao outro, isto é, qual a imagem que eles fazem do seu próprio lugar e do lugar do outro? E qual a imagem que fazem do referente?

Deve-se observar que a presença do locutor responsável na segunda enunciação se mostra apenas duas vezes, por intermédio das interpolações parentéticas: "abraçando-o", "Collor".

O locutor responsável procura reproduzir na íntegra o diálogo (discurso direto), de modo a preservar as estratégias linguísticas e discursivas do segundo plano e os efeitos de sentido resultantes de tais estratégias, tais como os efeitos humorísticos da fala do locutor Athayde. Esse fato parece-nos bastante relevante. Provavelmente, o locutor responsável (discurso citante) teria optado por "contar o fato" com palavras suas, paráfrases, em vez de manter a forma verbal da interlocução Athayde-Brizola se as condições de produção fossem outras. Essas paráfrases certamente não reproduziriam os efeitos das expressões originais, tais como "Tudo tranquilo? Ou tudo traquinas?" (humor, crítica); "Tenho 91 anos, mas é do joelho para baixo" (malícia, humor), "Pois é" (ironia); "Mas, também" (defesa, rebate argumentativo), "aquela Revolução em São Paulo" (pressuposição); "Uai" (regionalidade); "Uai, mas você não é meu irmão?" (humor).

O segundo plano somente tem existência por meio do primeiro plano, o qual constrói como deseja um simulacro da situação da enunciação citada. Procuraremos, agora, pelo jogo de imagens entre os interlocutores, determinar as condições de produção do segundo plano enunciativo. Consideremos A o interlocutor Athayde, B o interlocutor Brizola e R o referente. Os interlocutores ocupam importantes lugares no quadro social brasileiro: Athayde, como presidente da Academia Brasileira de Letras, político "independente", adepto de um governo "forte", centrado nas mãos do governante, ex-exilado político; Brizola, presidenciável pelo PDT, segundo lugar na preferência popular (pesquisa Data Folha da época, 1989), oponente dos regimes militares de governo, ex-exilado político, militante de esquerda, adepto de um sistema de governo de forte participação popular. O diálogo entre Athayde e Brizola é desencadeado no momento da corrida presidencial de 1989, em que Collor, então candidato a Presidente da República, ofendeu publicamente Brizola, também candidato, com um palavrão.

Os lugares que os interlocutores A e B ocupam no discurso: A ocupa o lugar de "político brasileiro de direita", mais velho e mais experiente; B ocupa o lugar de "político de esquerda", mais moço e menos experiente. O referente é a situação política brasileira de 1989 e será dividido, nesta análise, em R1 (os governantes), R2 (os presidenciáveis), R3 (o populismo) e R4 (Collor).

Procuraremos estabelecer as imagens que os interlocutores têm de si mesmos, do seu próprio lugar, do lugar do outro e os "pontos de vista" que têm do referente. Tratando-se de um diálogo, os interlocutores se revezam, conforme afirmamos acima, nos papéis de locutor e alocutário. Assim, as questões implícitas do jogo de imagem, tais como "de que eu lhe falo?", "quem sou eu para lhe falar assim?" etc., têm de ser consideradas duas vezes, quer o locutor seja A ou B. Existe no discurso uma relação de dominação, um tipo de dominação decorrente de certas funções que os interlocutores estão cumprindo: B parece estar sempre cumprindo a função de responder, ratificar ou negar, justificar-se ou argumentar, a partir de um dito de A, o dominador do discurso. Não se trata de dominação social ou psicológica, mas uma dominação da palavra, de ordem pragmática. Observamos que, apenas aparentemente, B é o iniciador do discurso, pois A responde à pergunta de B com outra pergunta, seguida de uma crítica (censura) que desencadeia o diálogo.

"DE QUE EU LHE FALO?"
Seja IA(R) o "ponto de vista" de Athayde sobre o referente

O discurso de A se resume numa crítica à incompetência dos políticos brasileiros (presidenciáveis ou não):

IA(R1) — os governantes (ministros dominados por economistas) não têm competência e autoridade: "Os economistas é que perturbam"; "Tem que fazer como minha mãe. Ela trazia no bolso a chave do cofre, a chave do tesouro, e só ela usava".

IA(R2) — os presidenciáveis (Brizola, Collor e os demais) não têm seriedade ou força política: "Ou tudo traquinas? Olha, vocês continuando assim eu vou me candidatar e derrotar todos vocês".

IA(R3) — o populismo é provedor de ruínas: "Se o populismo salvasse as nações, a Argentina e o Uruguai seriam prósperos"; "Seria uma besteira se você, vendo o que aconteceu na Argentina e no Uruguai com o populismo, seguisse o mesmo caminho." O populismo é visto por A como um tipo de ideologia política em que as cores locais não contam: "na Argentina", "no Uruguai", no Brasil ("seguisse o mesmo caminho").

IA(R4) — essa imagem está dentro de IA(R2), ou seja, Collor não tem seriedade ou determinação política tanto quanto os outros presidenciáveis.

Podemos encontrar nos enunciados de A marcas ideológicas de um discurso do tipo autoritário, de direita, de fraca participação popular: "Tem que fazer como minha mãe. Ela trazia no bolso a chave do cofre, a chave do tesouro, e só ela usava". O enunciado (no sentido de Foucault) "trazer no bolso a chave do cofre para impedir que outra pessoa a use" pode ser considerado uma paráfrase de "concentrar o poder numa só pessoa", "governar de forma absolutista, ou ditatorial". Pode-se dizer que A se constitui como sujeito desse discurso que defende a concentração do poder político nas mãos dos governantes, posicionando-se até mesmo contra a intromissão dos economistas na política brasileira.

Seja IB(R) o "ponto de vista" de Brizola sobre o referente

B, segundo já expusemos, se resume a reagir aos ditos de A: réplica — "A gente tem que tomar cuidado com o que dizem do populismo. Botam todo mundo no mesmo saco"; "A Argentina tem 70 anos de militarismo"; "Mas, também, você foi fazer aquela Revolução em São Paulo, em 1932"; justificativa — "Mas quando um político chama você de 'filho da...', como é que eu posso dar a mão a ele?". As únicas duas sequências que não são réplicas ou justificativas são enunciados marcadamente ideológicos, que remetem à formação discursiva dos discursos ditos de esquerda, sobretudo dos "populistas": "O povo está cansado de carranca, é carente, precisa até de carinho";

"Não deixam ninguém ver as coisas que estão no senso comum"; "É preciso simplificar a vida brasileira".

IB(R3) — a imagem que B tem de R3 (populismo) é de uma entidade de duas faces, duas ideologias políticas, uma positiva, não militar, e outra negativa, militar: "A gente tem tomar cuidado com o que dizem do populismo. Botam todo mundo no mesmo saco"; "A Argentina tem 70 anos de militarismo".

IB(R4) — R4 é inimigo de B: "...como é que eu posso dar a mão a ele?"

Se nos enunciados de A encontramos marcas ideológicas de um discurso do tipo autoritário, de direita, de fraca participação popular, nos enunciados de B há marcas ideológicas de um discurso do tipo populista paternalista. No Brasil, esse tipo de discurso alcançou sua expressão máxima na corrente dita "varguista", na qual Brizola se constitui como sujeito.

"QUEM SOU EU PARA LHE FALAR ASSIM?"
Seja IA(A) "o ponto de vista" que Athayde tem de si mesmo

A julga-se com autoridade para criticar B: "Seria uma besteira se você..."; "E nesses 15 anos você não aprendeu nada"; "Olha, vocês continuando assim...", e dar-lhe conselhos: "Quando alguém chamar você de 'filho da ...' você deve perguntar...".

Poder-se-ia dizer que essa autoridade A confere a si mesmo pelo lugar que ocupa no discurso: "colega mais velho" (91 anos) e à imagem de autoestima ligada à determinação: "...eu vou me candidatar"; sucesso: "...e derrotar todos vocês"; juventude perene, vitalidade, potência: "Tenho 91 anos, mas é do joelho para baixo. Do joelho para cima eu tenho 40"; habilidade política, "safadeza": "Eu aprendi que em política não se deve fazer inimigos..."; competência administrativa:

"Se eu fosse ministro, colocava ordem na economia em seis meses". Mas, sobretudo, essa autoridade de A se confere pela posição que ocupa como "político de direita". Num país como o Brasil, em que historicamente as esquerdas não chegaram ainda a consolidar seu poder político, a direita pode até mesmo considerar-se politicamente mais hábil e administrativamente mais experiente.

Seja IB(B) "o ponto de vista" que Brizola tem de si mesmo

O lugar que o interlocutor B atribui a si mesmo na estrutura da formação social brasileira é o de líder político de esquerda, "vencedor", mas em exílio; "vencedor", mas perseguido: "Foi a única coisa na vida em que venci você". Essa posição é coerente, se se considerar a história das esquerdas no Brasil.

"QUEM É ELE PARA QUE EU LHE FALE ASSIM?"

No caso de A e B, pode-se dizer que vale a fórmula: "ele é o outro", ou seja, "é aquela parte que eu não sou", "aquela parte que falta em mim para eu seja o que eu sou".

Seja IA(B) o "ponto de vista" que Athayde tem de Brizola

B, segundo "o ponto de vista" de A, ocupa o lugar de líder getulista (populista): "Pois é. E o seu patrão, o Getúlio Vargas, me exilou na Argentina por três anos, em 1932". O getulismo é associado ao populismo. Como o populismo é visto, do lugar de B (lugar de direita), como provedor de ruínas, B ocupa um lugar de equívocos políticos: "Seria uma besteira se você, vendo o que aconteceu na Argentina e no Uruguai com o populismo, seguisse o mesmo caminho". Daí a falta de maturidade — "Ou tudo traquinas?" — e de habilidade política — "E nesses 15 anos você não aprendeu nada".

Seja IB(A) o "ponto de vista" que Brizola tem de Athayde

A, segundo o "ponto de vista de B", é quem ocupa um lugar de equívocos políticos: "Mas, também, você foi fazer aquela Revolução em São Paulo". B se refere à Revolta Constitucionalista de 1932, que rebentou em São Paulo, contra Vargas, e de que Athayde participou, tendo, por esse motivo, sido exilado por três anos.

Não exploramos obviamente todas as possibilidades que se oferecem neste jogo, mas apenas algumas, que julgamos mais importantes. É necessário que o aluno/leitor consiga, progressivamente, ir descobrindo qual jogo de imagem é pertinente para o estabelecimento do sentido do texto.

O DISCURSO AUTORITÁRIO

Os textos religiosos devem ser evitados no ensino fundamental e mesmo no médio, para que sejam respeitadas as ideologias religiosas dos sujeitos que participam do processo escolar.

O texto que analisamos nesta seção, *Mostre amor e respeito como esposa* (ver Anexos), pertencente ao discurso religioso, consta deste nosso trabalho como *orientação ao professor*, por entendermos que os processos de assujeitamento, nesse tipo de discurso, se constituem de uma forma bastante evidente. Caberá ao professor analisar esses processos e buscá-los em textos menos comprometidos com as questões de fé religiosa. Assim, respeitando essa restrição, poderá trabalhar os processos de assujeitamento, que são comuns a todos os discursos de tipo *autoritário*.

Qual função da análise, em sala de aula, dos processos de assujeitamento? Segundo temos afirmado, embora a escola seja um importante aparelho ideológico do Estado e como tal produza sujeitos sociais, ela é também um lugar de conflito e de luta ideológica, um lugar privilegiado para a constituição e alteração de consciências políticas. Acreditamos, e aqui reiteramos nossa crença, que a reflexão sobre a linguagem e seus processos de dizer (o que inclui processos de assujeitamento de indivíduos), podem constituir um espaço de formação de sujeitos produtores de textos conscientes do lugar que ocupam e de sua capacidade de subverter o que está instituído.

Incluir os processos de assujeitamento comuns aos discursos autoritários no ensino/aprendizagem de língua materna pode ser um elemento estratégico, se bem trabalhado, para a formação (ou alteração) da consciência política de sujeitos produtores de textos e discursos, que possam interagir em situações concretas.

Outra razão da inclusão desse texto neste trabalho foi termos observado que textos dessa natureza evidenciam, também, de uma forma bastante privilegiada, os processos de intertextualidade e de interdiscursividade. Em alguns casos, esses processos estão a serviço dos processos de assujeitamento de que falamos anteriormente.

Na análise que propomos ao texto, consideramos as condições de produção do seu discurso: os interlocutores, o referente, a forma de dizer numa determinada língua, o contexto em sentido estrito (as circunstâncias imediatas: o aqui e o agora do ato de discurso) e o contexto em sentido lato (as determinações histórico-sociais, o quadro das instituições em que o discurso é produzido). Ou seja, consideremos seu processo de enunciação, as estratégias argumentativas e outros procedimentos da sintaxe que têm por objetivo criar efeitos de sentido de verdade a fim de convencer, ou melhor, assujeitar o interlocutor. Consideraremos também, nas condições de produção, a relação do texto com outros e sua interdiscursividade. Tanto esta como a intertextualidade são determinantes para o estabelecimento do sentido do texto em questão.

OS INTERLOCUTORES

O locutor do texto é o Locutor, o Deus, a palavra interpelante. Quem fala no discurso religioso é a voz de Deus, através de um representante na Terra. No caso de nosso exemplo, "Mostre amor e respeito como esposa", o locutor é o editor da revista *A Sentinela*, que representa o Locutor. Essa revista constitui um importante órgão de divulgação da instituição religiosa As Testemunhas de Jeová. Esse locutor se mostra submisso ao Locutor, e mostra tal submissão ao tecer seu texto com os fios do texto bíblico, ou seja, por meio do recurso da intertextualidade. Sua função é, pois, costurar esses fios. Nessa costura, em alguns momentos, a sua própria voz de locutor, além da divina, faz-se ouvir de manso, quase no escondido. Como, por exemplo, na interpolação parentética, "De fato, o lar cristão deve ser um dos mais limpos da vizinhança". Sua própria voz se ouve ainda pela expressões como "obviamente", que quebram de alguma forma a objetividade do discurso.

Os alocutários são "os demais sujeitos", interlocutores sujeitos meramente interpelados, assujeitados pela palavra e pela verdade divinas. Trata-se, na verdade, de uma multidão de sujeitos vulgares, não divinos, a quem se dirige a Palavra. O alocutário pertence ao plano "temporal", enquanto o Locutor pertence ao "espiritual". Esse desnivelamento na interlocução, ou seja, o alocutário pertencer a um plano hierárquico inferior ao do Locutor, é uma das condições de produção do discurso religioso em geral, na verdade, uma estratégia argumentativa com vista a assujeitar o alocutário.

FORMAÇÃO DISCURSIVA E INTERDISCURSIVIDADE

O texto "Mostre amor e respeito como esposa", como se disse anteriormente, pertence à formação discursiva do discurso religioso das Testemunhas de Jeová. É próprio do discurso religioso, um dos seus elementos de produção, uma contradição: sob uma aparente liberdade de escolha, impõe-se aos sujeitos seu assujeitamento ou coerção. Esse assujeitamento à ideologia, que se impõe ao alocutário, e se cobra pela obediência às suas normas e seus preceitos, se dá pela Palavra, aquela que não pode e não deve ser contestada. Nesse caso específico do discurso religioso, parece valer a fórmula de Althusser: "a ideologia interpela os indivíduos em sujeitos" (o que equivale a dizer, em sujeitos assujeitados), sem que o sujeito interpelado possa interpelar a ideologia que o assujeitou.

A constituição do discurso religioso em análise se dá por meio dos discursos bíblico e machista, o que configura seu interdiscurso. Enquanto a sua relação (de aliança) com o discurso bíblico é mostrada pela intertertextualidade explícita (citações com indicação da fonte), sua relação (de aliança) com o discurso machista não se explicita.

As "verdades" do discurso machista que sustentam o religioso das Testemunhas de Jeová passam como se fossem *a* verdade, aquela que não tem contexto, que é a-histórica, válida para todos os tempos e todos os lugares.

Podemos dizer que o processo de enunciação é próprio do discurso religioso, mas que a temática é machista: ao homem cabe o papel de "cabeça da esposa", "cabeça da família"; à mulher (complemento do homem) cabe obedecer. O próprio texto bíblico revela uma temática machista: a submissão da mulher é garantia da felicidade do marido e dos filhos, da indissolubilidade do casamento, e, consequentemente, da harmonia do mundo. O enunciado invariante, mais "abstrato" e "profundo", pertencente ao discurso machista é, sem dúvida, "a mulher é um ser inferior". Esse enunciado se revela na superfície do texto por meio das seguintes paráfrases, entre muitas outras: "a mulher seria ajudadora e complemento do homem"; "Eva seria 'um complemento', não uma competidora"; "A família não seria como um navio com dois comandantes rivais, pois a chefia seria exercida por Adão". Considerando-se que é por razões da suposta inferioridade da mulher que ao homem é historicamente reservado o trabalho público e à mulher o doméstico, podemos ainda incluir na temática machista os seguintes enunciados: "Ela trabalha arduamente para alimentar e cuidar do marido e dos filhos"; " Não sendo preguiçosa, a sua casa é limpa e ordeira"; "De fato, o lar cristão deve ser um dos mais limpos da vizinhança". Considerando-se ainda que aos seres inferiores não se dá o direito à palavra, devem também fazer parte da rede machista os seguintes enunciados: "Não é tagarela, ociosa, nem criticadora destrutiva"; "Ao contrário, com sua língua ela edifica a cura". A palavra, já nos mostrava Foucault (1971), é de direito da autoridade ou de quem é autorizado.

Cada um desses enunciados poderia ser lido em seu avesso, já que todo enunciado é essencialmente dialógico. Nessa leitura, revela-se o seu Outro, aquilo que rejeita, que são os enunciados que pertencem à formação discursiva do discurso feminista.

OS PROCESSOS DE DIZER: A INTERTEXTUALIDADE

O texto que analisamos é um intertexto:

> Lemuel escreveu que a "esposa capaz" é digna de confiança, fidedigna e leal (Versículos 10-12). Ela trabalha arduamente para alimentar e cuidar do marido e dos filhos (Versículos 13-19, 21, 24). É bondosa e caritativa com os que padecem genuína necessidade (Versículo 20). Por seu respeito e boa conduta, contribui para a boa reputação do marido (Versículo 23). Não é tagarela, ociosa, nem criticadora destrutiva. Ao contrário, com sua língua ela edifica a cura (Versículo 26). Não sendo preguiçosa, a sua casa é limpa e ordeira (Versículo 27.) (De fato, o lar cristão deve ser um dos mais limpos da vizinhança). O seu marido e os seus filhos mostram gratidão e a louvam. Os de fora da família também apreciam as suas qualidades (Versículos 28, 29, 31). A sua beleza não é superficial; é a beleza de uma mulher temente a Deus, de personalidade piedosa. (Versículo 30).

O recurso da citação — intertextualidade explícita porque se cita a fonte — é usado a favor do assujeitamento dos sujeitos, no caso que analisamos. Entre o discurso citado e o que cita produz-se, no entanto, um distanciamento entre esses discursos normalmente ambíguo: pode-se dizer que "o que eu digo é verdade porque não sou eu que o digo", como também o contrário. Ao mesmo tempo que o locutor citado é um "não-eu" em relação ao locutor que cita, ele constitui também uma "autoridade" que protege o discurso do locutor que cita. No caso do discurso religioso, esse distanciamento e essa ambiguidade devem ser apagados, dado que, para o alocutário desse discurso, a única palavra que se deve presentificar é a do Locutor (o divino).

Conforme temos dito, a citação não é um recurso totalmente livre, estando sujeita às determinações que a formação discursiva impõe. O locutor cita sempre de um lugar determinado, que regula a citação. O locutor do discurso religioso deve citar os textos sagrados e preferivelmente em discurso direto, pelo fato deste reproduzir literalmente o discurso que se cita. Com isso, pretende-se passar para o alocutário a imagem de autenticidade e fidelidade para com a Palavra citada. Uma instituição religiosa se vale, pois, da autoridade do discurso bíblico para pregar suas "verdades". O enunciador se anula diante do Enunciador Superlativo, pois as palavras do discurso bíblico não podem ser atribuídas a um sujeito enunciador comum. Sendo divinas, emanando de Deus, elas constituem o "verbo" incontestável das verdades eternas, sem princípio e sem fim. O discurso direto acaba sendo *usado* para determinados fins (no caso do nosso exemplo, a submissão da mulher), ficando estes também escondidos por detrás das citações.

Dissemos em algum lugar deste trabalho que, nas sociedades modernas, aprende-se a ler e a escrever na escola. Ora, quando nos comprometemos com um processo educativo interessado em tornar o aluno cada vez mais capaz de interpretar textos que circulam socialmente, não podemos privilegiar práticas em sala de aula que visem apenas os elementos formais que constituem o texto. O que deve ser privilegiado são os processos de constituição do seu *sentido*. Um texto tem de valer sobretudo por aquilo que ele significa. E o que ele significa depende das condições de sua produção do discurso.

Esperamos ter mostrado, com a análise desse texto, que a linguagem, como discurso, materializa o contato entre o linguístico (a língua como um sistema de regras e categorias) e o não linguístico (um lugar de investimentos sociais, históricos, ideológicos) por meio de sujeitos/locutores interagindo em situações concretas. Esperamos ter mostrado que o sentido do texto não se dá apenas pelos elementos linguísticos, mas também pela interação entre os interlocutores, a interação entre os locutores e o referente, considerando-se que essa interação se dá numa forma de dizer numa determinada língua, e também num contexto determinado mais restrito (as circunstâncias imediatas: o aqui e o agora do ato de discurso) e num contexto mais amplo (as determinações histórico-sociais, o quadro das instituições em que o discurso é produzido, tal como igreja, escola, governo, imprensa etc.). Esperamos ter mostrado que o sentido do texto se dá ainda na relação dele com outros textos e também na sua interdiscursividade.

INTERDISCURSIVIDADE, INTERTEXTUALIDADE E NOVOS SENTIDOS

A Análise do Discurso nos alerta que uma formação discursiva já contém os já-ditos e os sentidos dados *a priori*. Quando produzimos textos, recorremos aos já-ditos, ou a esse arquivo que a humanidade produziu para interagir nas mais variadas situações e nos mais diversificados lugares sociais. Não poderia ser de outra maneira, pois não poderíamos estar sempre criando dizeres e sentidos novos. Temos de partir do lugar já acontecido, se quisermos produzir nossos textos.

Não estamos afirmando, porém, que nada de novo se cria quando se produz um texto. Bakhtin (1929) já nos mostrava que toda enunciação parte de elementos reiteráveis, o que constitui sua *significação*; no entanto, o *tema* de cada enunciação é único, não reiterável. Isso nos leva a admitir que, no processo de produção de texto pelo aluno, o professor deve agir sem preconceito com relação a esses elementos que se reiteram ou se reproduzem, "já-ditos" que o aluno repete porque já ouviu, que copia do outro porque já leu. Todavia, o professor deve ter como tarefa primordial levar o aluno a se utilizar desses elementos reiteráveis para produzir o *seu* texto, único e irreiterável, o que implica na produção de um *novo* sentido.

Os "já-ditos" podem ser reiterados para constituir o "novo", por meio de variados processos, tais como citações explícitas ou não (com resultado irônico ou não), paródias, alusões etc., os quais devem ser explorados na prática de sala de aula, nos mais variados níveis de ensino.

Ilustramos a seguir, com exemplos, esses processos.

INTERDISCURSIVIDADE E INTERTEXTUALIDADE EXPLÍCITA EM NÍVEL DA CITAÇÃO

O texto *Fim de vida tradicional aumenta suicídios* (ver Anexos) recorre à intertextualidade por meio do discurso relatado direto:

> "A transformação da sociedade é rápida demais para alguns e lenta demais para satisfazer as expectativas de outros"; "Os jovens se enforcam ou se matam a tiros quando acham que não têm um papel útil a cumprir na sociedade"; "Não se trata de um pedido de socorro. Antigamente os velhos iam sozinhos morrer nas montanhas quando achavam que haviam deixado de ser úteis."

Poder-se-ia perguntar o que este texto tem de "original", se ele se constitui praticamente de já-ditos de outrem. Ora, sua originalidade está na forma de enunciar esses "outros", num novo momento e num novo espaço enunciativo, e de tecer os fios de costura desses "outros". Pelo recurso da *interdiscursividade*, o discurso da imprensa (*The Independent*) se apoia nos discursos da ciência (epidemiologia) e dos órgãos governamentais (saúde). Esse recurso tem por objetivo imprimir um valor de verdade ao que se afirma ou defende: os esquimós, um povo orgulhoso e autossuficiente, estão perdendo suas tradições de uma maneira muito rápida. Recorre-se, para tanto, às palavras de quem é autoridade.

Vejamos um outro exemplo:

> Vocês me conhecem, e sabem que não sou homem de não enfrentar desafios que foram colocados diante de mim, não nasci com medo de assombração, nem tenho medo de cara feia, isso o meu pai já me dizia, desde que eu era pequeno, que eu havia nascido com aquilo roxo, e tenho mesmo, para enfrentar todos aqueles que querem conspirar contra o processo democrático. (Presidente Collor de Melo) (fragmento)

A maioria dos brasileiros lembrar-se-á dessas palavras do ex-presidente Fernando Collor de Mello, pronunciadas em Juazeiro do Norte, Ceará, em 3 de abril de 1991, para uma multidão de 30 mil pessoas.

O discurso do Presidente, que se pressupõe político, incorpora um elemento pré-construído: "Quem é macho nasce com o saco roxo", produzido no interior do discurso machista, o que define sua interdiscursividade. No exemplo ocorre também intertextualidade, se se considerar que existe um *intertexto*, um fragmento que o locutor efetivamente cita, explicitando inclusive sua fonte, atribuindo as palavras a seu pai. Todavia, o que parece mais relevante para atribuir o sentido desse texto é o fato de que essas palavras são comprometidas ideologicamente, pertencendo a um discurso do tipo machista. O enunciador de fato dessa "verdade" são todos os sujeitos desse discurso, entre os quais o pai do Presidente e ele próprio, e mesmo a plateia a quem o Presidente endereçou seu discurso (pressupomos que ele tenha se dirigido especialmente aos "cabras machos" do Ceará presentes à cerimônia, esquecendo-se de que sua plateia era muito maior e heterogênea, e que toda a imprensa teria acesso a seu discurso).

O que é "original" no texto é o fato de *um Presidente da República* ter pronunciado publicamente, em discurso, uma expressão vulgar como "aquilo roxo" e ter-se feito sujeito de um discurso machista popular. Tamanha "originalidade" comprometeu sua imagem de homem público e estadista. O fato de dizer que estava repetindo as palavras de outrem, isto é, seu pai, não atenuou os efeitos que seu discurso causou na sociedade: perplexidade, indignação, espanto, admiração (por alguns), hilaridade.

INTERTEXTUALIDADE IMPLÍCITA

Vejamos um exemplo de intertextualidade implícita com efeito irônico:

> Advinhe quem dá mais emprego: a fábrica da Volkswagen em Resende (RJ) ou a Câmara de Vereadores de Jaboatão (PE)? Acertou quem cravou na segunda. A Volks, que fez 1500 caminhões por mês, tem 1300 funcionários. O legislativo da cidadezinha, 1322. É por coisas assim que o Brasil é uma superpotência de primeira linha, não é mesmo?. (*Revista Veja*, janeiro de 1999)

Para que esse enunciado seja considerado irônico é preciso conhecer as condições de sua produção, e estas envolvem a questão da intertextualidade. A ONU, em 1998, colocou o Brasil entre os países desenvolvidos, "uma grande potência", e isso foi enunciado antecipadamente pelo Presidente do Brasil (FHC) que, animado, em discurso previu que o Brasil poderia crescer muito em 1999.

O enunciado que aparece em nosso texto de análise *O Brasil é uma superpotência de primeira linha* é, pois, tirado dos textos da ONU e do FHC. Não se explicita a fonte porque se pressupõe que o leitor da revista deve saber quem disse isso e, portanto, saber que a revista está apenas retomando um já-dito. A ironia consiste em que no texto em que analisamos esse enunciado deve ser lido em seu sentido avesso, ou seja, com um *novo* sentido.

A leitura no avesso se justifica pelo que foi afirmado anteriormente: a câmara de vereadores de Jaboatão dá mais emprego do que a Volkswagen, o que configura um caso típico de corrupção brasileira, um dos fatores que impedem o crescimento do país.

No texto *Senhora de Ipanema* (em anexo), a intertextualidade implícita se configura no nível da alusão. A fala de Fernanda, atriz brasileira candidata ao Oscar de melhor atriz, em 1999, foi considerada por muitos bastante criativa. É uma alusão bem-humorada à canção brasileira mais conhecida dos americanos, "Garota de Ipanema", de Tom Jobim e Vinícius de Morais.

Também se configura no nível da alusão a intertextualidade implícita do texto *Tereza*, de Manuel Bandeira (ver Anexos). Os dois últimos versos remetem ao *Livro do Gênesis*, texto de abertura da *Bíblia*. Essa alusão bíblica é passível de assumir várias significações no poema, significados *novos*, que não se encontram na passagem bíblica, tal como a manifestação do arrebatamento amoroso, a identificação da experiência amorosa com a anulação dos contrários, a caracterização da experiência amorosa como vivência da totalidade cósmica etc.

A intertextualidade implícita pode ainda se configurar através de uma paródia, como no texto *Samba-desenredo com marcharré no sapatinho para Banda Mole, Banda Larga, Banda Curta e o Escambau*, que Antônio Barreto escreveu para o Carnaval de 1999.

Esse texto parodia trechos de músicas populares, que um leitor conhecedor de nossa música pode facilmente identificar, ao mesmo tempo que faz uma caricatura do cenário político brasileiro de fevereiro de 1999, quando houve uma reversão ocasionada por alguns acontecimentos: a decretação da moratória mineira pelo governador Itamar Franco, a queda da credibilidade brasileira frente ao investidor estrangeiro, a desvalorização brusca do real frente ao dólar, a intervenção do FMI com duras metas impostas ao governo brasileiro, a volta da inflação.

Se os trechos das músicas populares não são novos, mas "já-ditos", pertencentes ao nosso arquivo de música popular, a "costura" que o autor faz deles é totalmente nova, resultando dela um novo texto, com uma crítica bastante original a um momento da situação política brasileira.

DISCURSO LITERÁRIO E HETEROGENEIDADE

O discurso literário mantém uma relação privilegiada com a intertextualidade, tanto com a *explícita* quanto com a *implícita* (alusões, paródia, paráfrases, certos casos de ironia).

Mantém uma relação privilegiada com os casos de dupla enunciação, ou seja, com o discurso relatado direto, os ecos, os diálogos internos, os monólogos. O discurso indireto livre, que não é exclusivo da narrativa literária, podendo ocorrer também no discurso do cotidiano, é empregado com o máximo de suas potencialidades no discurso literário.

Uma das tendências nas narrativas modernas, já nos mostrava Bakhtin (1929), é a diluição da palavra citada no contexto da narrativa, tanto no plano temático como no da construção linguística.

Constitui uma tendência mais recente na narrativa literária abandonar-se os contornos exteriores nítidos à volta do discurso citado, ou abandonar-se a infiltração das réplicas do narrador e seus comentários no discurso de outrem, em prol da dissolução do discurso citado no contexto narrativo, fazendo com que este perca a grande objetividade que lhe é inerente com relação ao discurso citado. O contexto narrativo começa a ser percebido como fala de "outra pessoa", tornando a posição do narrador mais fluida. Em vez do divórcio entre o discurso de outrem e o contexto narrativo, o que se tem são relações dinâmicas, complexas e tensas entre a voz do narrador e as vozes das personagens.

Vejamos algumas ocorrências de heterogeneidade enunciativa no texto *Duelo*, de Guimarães Rosa (ver Anexos).

Podemos considerar como ocorrência de discurso indireto livre o seguinte fragmento:

> E quê? O tatu-peba não desenterra os mortos? Claro que não. Quem esvazia as covas é o tatu-rabo-mole. O outro, para que iria ele precisar disso, se já vem do fundo do chão, em galerias sinuosas de bom subterrâneo? Come tudo lá mesmo, e vai arrastando ossadas para longe, enquanto prolonga seu caminho torto, de cuidadoso sapador.

Devemos observar que as fronteiras desse discurso não são marcadas linguisticamente. O conhecimento da obra, das personagens, da fala dessas, é determinante para a identificação do discurso indireto livre.

Uma pista, nesse exemplo, pode ser o estabelecimento de um diálogo entre dois enunciadores diferentes, mas não se deve indagar com qual deles o locutor responsável pela narrativa se assimila. Também não se deve indagar com qual dos enunciadores alguma personagem se assimila.

Mesclam-se, na verdade, adotando-se o ponto de vista de Ducrot (1984), as vozes de dois *enunciadores* (E1 e E2), sem que se possa distinguir com clareza o ponto de vista (perspectiva) de onde se fala, se é o ponto de vista do narrador ou das personagens. Isso equivale a dizer que, no caso do discurso indireto livre, não podemos falar propriamente em locutores, sendo mais adequado falarmos em enunciadores.

> E1: E quê? O tatu-peba não desenterra os mortos?
> E2: Claro que não. Quem esvazia as covas é o tatu-rabo-mole. O outro, para que iria ele precisar disso, se já vem do fundo do chão, em galerias sinuosas de bom subterrâneo? Come tudo lá mesmo, e vai arrastando ossadas para longe, enquanto prolonga seu caminho torto, de cuidadoso sapador.

Muito diferentes são as passagens em que a fala do narrador aparece de forma explícita (como no exemplo 1 abaixo), ou as passagens em que se introduz no fio do discurso do narrador, de forma não equívoca, com a ruptura sintática própria do discurso direto, a fala das personagens (exemplos 2 e 3).

> 1. Mas... Houve um pequeno engano, um contratempo de última hora, que veio pôr dois bons sujeitos, pacatíssimos e pacíficos, num jogo dos demônios, numa comprida complicação: Turíbio Todo, iludido por uma grande parecença e alvejando um adversário por detrás, eliminara não o Cassiano Gomes, mas sim o Levindo Gomes, irmão daquele, o qual não era metralhador, nem ex-militar e nem nada e, que, por sinal, detestava mexida com mulher dos outros.
> 2. — Ui!... Galope bravo, em vez de andadura!...
> 3. — Está morto. O Turíbio Todo está morto e enterrado!...Esta foi a última trapalhada que o papudo arranjou.

Nos três exemplos acima, podemos falar em verdadeiros locutores: o narrador (L1), Turíbio Todo (L2) e Clodino Preto (L3).

O discurso indireto livre, diferentemente do discurso direto, opera no espaço do não explícito, do apenas semidesvendado, do sugerido, muito mais do que no espaço do dito e do evidenciado.

De efeito comparável ao do discurso indireto livre são outros tipos de heterogeneidade, como a ironia, a alusão, a imitação etc., isto é, as formas de discurso que conjugam, ao mesmo tempo, menção e uso.

Tomemos, à guisa de ilustração, a seguinte passagem do texto em análise:

> Nem por sonho pensou em exterminar a esposa (Dona Silivana tinha grandes olhos bonitos, de cabra tonta), porque era um cavalheiro, incapaz da covardia de maltratar uma senhora, e porque basta, de sobra, o sangue de uma criatura, para lavar, enxaguar e enxugar a honra mais exigente.

Esta passagem opera quase que totalmente no espaço do semidesvendado, se considerarmos seu plano enunciativo. Quem se responsabiliza pelo que está dito entre parênteses: *Dona Silivana tinha grandes olhos bonitos, de cabra tonta*? Podemos dizer que é o narrador? Melhor dizer que é um outro enunciador, não se devendo, pois, indagar a qual locutor (narrador ou personagem) se deve imputar a responsabilidade desse enunciado. A interpolação parentética ilustra um caso de conotação autonímica (Authier-Revuz), em que o locutor faz uso das palavras inscritas no fio do discurso e ao mesmo tempo mostra que elas pertencem a um outro espaço enunciativo (no caso, por meio dos parênteses). As palavras entre parênteses são de um outro, que enuncia no escondido, quase como um cochicho ou fofoca, as verdadeiras causas que levaram Turíbio Todo a não pensar em eliminar a esposa.

Um leitor atento poderia perguntar ainda, com relação ao exemplo acima, a quem se deveria atribuir a responsabilidade de elocução da passagem: *porque era um cavalheiro, incapaz da covardia de maltratar uma senhora, e porque basta, de sobra, o sangue de uma criatura, para lavar, enxaguar e enxugar a honra mais exigente.* Ao narrador? Ao personagem Turíbio Todo (uma face mais recôndita do seu eu)? Ou a um enunciador irônico e crítico, que intervém na narrativa como um outro, sendo o mesmo que enunciou que Turíbio Todo não iria matar a esposa porque ela tinha grandes olhos bonitos de cabra tonta?

Preferimos a última alternativa. O discurso de um enunciador (não vale indagar se se trata do narrador ou de uma das personagens) se infiltra no estrato do narrador (locutor responsável). O contexto narrativo começa a ser percebido como fala de "outra pessoa", sem que se possa fazer uma oposição de falas (narrador X personagens). São relações muito complexas. Poder-se-ia dizer, por exemplo, que, por meio de um ato de fala indireto e de um enunciador crítico (uma outra voz), introduz-se um discurso irônico, com o qual se sustenta o insustentável. Trata-se de um jogo polifônico: o enunciador assume as palavras, mas não o ponto de vista que elas apresentam. Turíbio Todo deixaria de matar a esposa não pelo fato de ser um cavalheiro, ou porque bastaria eliminar o amante para limpar sua honra, mas porque amava a esposa e não podia viver sem ela. As razões apresentadas (ser um cavalheiro, bastar um para morrer etc.) seriam apenas desculpas, justificativas do personagem. Daí uma possibilidade seria concordar que esse enunciador crítico estaria repetindo as palavras (desculpas) que o personagem Turíbio Todo estaria buscando dentro de si para justificar o fato de não exterminar a esposa.

O distanciamento entre a posição do locutor e do enunciador, no exemplo em análise, não é marcada por índices linguísticos. É o contexto que pode determinar essa leitura irônica. Quem conhece a realidade social brasileira, principalmente a dos sertões, sabe o que é esperado num caso de infidelidade como esse. Uma sociedade fundada sobre bases machistas como a nossa não deixaria impune um homem traído que agisse como Turíbio Todo. Daí o papel de um enunciador crítico e irônico.

Aberto a todas as possibilidades de heterogeneidade, o discurso literário apresenta-se como rico material de análise.

HETEROGENEIDADE MOSTRADA

HETEROGENEIDADE EM NÍVEL DE LOCUTORES

Na análise do texto *"Que governo fez mais?" diz FHC oito vezes* (ver Anexos), separamos os locutores e os tipos de discurso:

1. Os locutores. São três os locutores: o locutor responsável (L1), que coincide com o autor do texto, FHC (L2) e "os demagogos" (L3), no conceito de FHC. A fala de FHC é introduzida por L1 em sua fala, enquanto a única ocorrência da fala dos demagogos é introduzida por FHC: "o governo não olha pelo social".

2. Os tipos de discurso relatado. L1 introduz a fala de FHC em discurso reportado direto e indireto.

- Em discurso direto:
    "Grande nação é um país no qual o povo se sente feliz, participante, no qual pode ser mobilizado, no qual não se nega ao povo informação, nem os problemas." "Estamos aqui mencionando fatos, e contra fatos não há retórica", disse FHC ao tratar dos investimentos na área social, depois de abrir o discurso lembrando que o real tirou da pobreza 13 milhões de brasileiros.

- Em discurso indireto:
    FHC usou a frase "Que outro governo fez mais?" oito vezes. **E disse três vezes que a população de baixa renda ganhou com o real.**

Quando usa o discurso indireto, vai "provando" que o que diz é verdade com retalhos do discurso de FHC, palavras e expressões aspeadas:

> Disse que essas críticas eram "frases de efeito", "retórica dos anos 50". A previsão é que a inflação de 1998 fique entre 3% e 4%. (...) Ele disse que o país passou dos "regimes autoritários aos regimes democráticos", numa espécie de pacto difuso, sem necessidade de formalização de um pacto político. (...) O presidente citou como vitórias sociais o crescimento da "universalização do acesso à escola primária", o "novo ímpeto" que o ministro José Serra levou para a saúde e o trabalho dos agentes comunitários e os programas de médicos que dão assistência na casa dos pacientes.

Segundo temos afirmado, o discurso relatado direto implica fazer falar um outro, atribuindo-lhe a responsabilidade da fala, dando a conhecer não só o que o outro disse, mas como disse. Isso não implica todavia que esse tipo de discurso seja um meio mais autêntico e verdadeiro de apresentar a fala do outro, muito embora ele bem passe essa ideia de autenticidade e constitua, por essa razão, uma estratégia para convencer o alocutário.

A estratégia usada por L1 de destacar no discurso indireto uma palavra ou expressão com aspas sinaliza para dois fatos: de que quem usou essa expressão foi outro locutor (FHC, no caso) e que ele (o locutor responsável) não se compromete com o sentido que esse outro locutor (FHC) atribuiu à expressão, ou com o aparecimento da expressão naquele discurso. Ao mesmo tempo que L1 *usa* a palavra ou expressão, ele *aponta* para um certo estranhamento, o que configura um caso de conotação autonímica. Podemos dizer, também, que L1 identifica alguns elementos como pertencentes às palavras de L2 (locutor citado, FHC), porque ele quer assinalar uma diferença entre o discurso que cita (seu comprometimento ideológico) e o seu discurso.

PRESSUPOSTOS E SUBENTENDIDOS

Consideremos o texto abaixo:

> *Veja*: Por que a reforma da legislação é tão urgente?
> Pastore: O Brasil precisa acordar, precisa estar preparado para as mudanças que estão ocorrendo no mundo. (*Revista Veja*, 17/6/98)

A resposta que o professor de economia e administração da Universidade de São Paulo, José Pastore, dá à revista *Veja* (quando essa lhe pergunta a respeito da reforma da legislação trabalhista no Brasil) se inicia com o enunciado "O Brasil precisa acordar", no qual se pode ver a presença de um enunciador responsável pelo *pressuposto*: "O Brasil está dormindo". De acordo com Ducrot (1984), a pressuposição está inscrita no enunciado, como um componente linguístico: precisa acordar = estar dormindo.

Vejamos este outro texto:

> Telejornal: O que significa para a sua carreira ter um texto filmado para o mercado norte-americano?
> Falabella: Acho legal, mas não tenho esse deslumbramento. A carreira da peça que me deslumbrou mais foram duas temporadas de sucesso no Rio e em São Paulo. (*O Estado de S. Paulo*, 24/7/94)

Com relação à entrevista acima feita com o artista Falabella pela imprensa brasileira, é possível afirmar que a resposta que ele dá, quando diz "não tenho esse deslumbramento", é de fato uma réplica a um *subentendido*: "ter um texto filmado para o mercado norte-americano deslumbra o autor brasileiro". Essa análise é somente possível se se levarem em conta as posições dos interlocutores (o artista brasileiro e a imprensa brasileira), o jogo de imagens que fazem parte das condições de produção do discurso. Na análise que propomos, uma imagem determinante do sentido do texto é a que Falabella faz da imagem que a imprensa faz do artista brasileiro que logra alcançar sucesso no primeiro mundo.

No texto *Na hora da treva, a luz veio dos radialistas* (ver Anexos), consideremos a presença dos seguintes locutores:

L1, o jornalista;
L2, o ministro de Minas e Energias;
L3, o presidente de Furnas.

Com relação à fala do presidente de Furnas (assinalado em negrito), a imprensa entendeu que ficou *subentendido* que ela ficou com a responsabilidade de ajudar a população durante o blecaute, porque o presidente de Furnas e seu pessoal qualificado ("a gente") não fizeram coisa alguma.

A fala do presidente ainda nega o *pressuposto* de que a queda de energia é anormal. Pode-se dizer que o locutor põe em cena dois enunciadores:

E1, que afirma o pressuposto (a queda de energia é anormal);

E2, que nega o pressuposto (a queda de energia é normal);

Enquanto L3 se assimila a E2, L1 se assimila a E1.

Os enunciadores, conforme temos afirmado, são seres do discurso dos quais não podemos conhecer as palavras precisas, mas podemos conhecer seu ponto de vista, sua atitude ou seu posicionamento ideológico.

A NEGAÇÃO

Consideremos o trecho:

> Jeová criou a mulher Eva usando como base uma costela de Adão. Desse modo, Eva era da mesma "espécie" que Adão. Não era um animal inferior, mas sim "osso dos [seus] ossos e carne de [sua] carne". (*A Sentinela* — fragmento).

Em "Não era um animal inferior", o locutor põe em cena dois enunciadores:

E1, com uma asserção positiva relativa à inferioridade da mulher;

E2, com uma recusa de E1.

O enunciador E2 é assimilado ao locutor. E1 é, portanto, um outro enunciador, uma espécie de "SE", ou "opinião geral", que vê a mulher numa condição de inferioridade.

E1: A mulher é um ser inferior.

E2: A mulher não é um ser inferior.

Essa "opinião geral", expressa por E1, é, na verdade, um pressuposto ideológico, a voz do discurso machista. Se considerarmos todos os outros enunciados que constituem o texto em questão (já analisado previamente), sustentados por uma temática machista, fica comprometida a assimilação de L1 a E2.

Consideremos este outro exemplo.

Em entrevista em Brasília, a presidente do conselho do programa Comunidade Solidária, Ruth Cardoso (primeira-dama), disse que a crise econômica brasileira não mudará os planos sociais:

> A relação entre crise financeira e crise fiscal não necessariamente criará mais problemas sociais para os mais pobres. O gerenciamento desses programas está sendo feito para garantir sua estabilidade. Pela primeira vez na história do Brasil, não são os mais pobres que vão pagar pela crise. (*Folha de São Paulo*, 14/3/99)

A fala da primeira dama é polifônica no sentido de que nela concorrem, além do sujeito locutor (L1), um enunciador (E1) que "afirma" que a crise financeira afetará os mais pobres, que estes são sempre os que pagam pelas crises econômico-financeiras do país, e um outro enunciador (E2), ao qual o locutor se assimila, que "afirma" que a crise financeira não afetará os mais pobres e que estes não pagarão pela crise.

> E1: Os mais pobres são sempre os mais afetados pelas crises econômico-financeiras.
>
> E2: Os mais pobres não serão os mais afetados pela atual crise econômico-financeira.

A função de E2 é contrapor-se a um pressuposto de E1 como uma "verdade" universal, sem exceções, sempre válida em qualquer circunstância: "os mais pobres são sempre os mais afetados", presente em muitos dos discursos que circulam socialmente no país.

AS ASPAS

As aspas podem marcar a presença de locutores e enunciadores. Elas sempre representam um sinal a ser decifrado pelo interlocutor, conforme afirmamos anteriormente.

Vejamos o caso em que elas denunciam a presença de locutores, no texto *Escravagismo* (Ver Anexos):

> f) **"Este é o ideal de uma sociedade escrava, uma sociedade na qual os escravos são totalmente submissos, uma sociedade na qual tanto escravos como senhores aceitam a escravidão como normal"**, disse Boubacar Ould Messoud, fundador da SOS-Esclave, grupo clandestino da Mauritânia.
>
> d) Perguntem a Fatma Mint Mamadou quantos anos ela tem. A mulher mauritana baixará timidamente os olhos: ela não sabe quando nasceu (...). Perguntem-lhe se ela e as outras meninas que cresceram num povoado da afastada região de Bratna foram alguma vez estupradas. Ela ficará toda embaraçada e suas feições se tornarão duras. Finalmente Fatma responde, como se fosse a coisa mais natural do mundo: **"Naturalmente, eles costumavam vir de noite quando precisavam fazer a gente reproduzir. É isso que vocês chamam de estupro?"**

Em f), as aspas marcam a presença do locutor Boubacar Ould Messoud e, em d), elas marcam as palavras do locutor Fatma Mint Mamadou. Marcadas pelas aspas, as palavras desses locutores não se confundem com as do locutor responsável pelo texto *Escravagismo* (L1).

Vejamos, agora, estes outros exemplos em que as aspas denunciam a presença de enunciadores:

> a) Na Mauritânia, especialmente, dadas as imensas distâncias que preservam os costumes e as diferenças étnicas que marcavam os estratos sociais, os horrores da escravidão foram "banalizados" e sua injustiça aceita quase sem contestação.

O locutor usa o termo *banalizado*, mas assinala pelas aspas que existe um incômodo em usá-lo. Chama a atenção para a inadequação desse termo na formação discursiva em que se constitui como sujeito, dado que, nessa formação, os horrores de uma escravidão não podem se tornar uma coisa banal, comum, que já não mais chama a atenção pelo seu grau de trivialidade.

> b) Houve tempo em que na Europa não era diferente. Thomas Morus, no seu retrato de uma "sociedade perfeita", elimina de sua utopia todos os

males que sempre envenenaram a convivência social humana, mas deixa a guerra e a escravidão, como se as considerasse naturais ou inevitáveis.

O uso das aspas nesse exemplo é muito semelhante às do exemplo a). O locutor usa a expressão *sociedade perfeita*, mas assinala para a inadequação do seu uso na formação discursiva em que se constitui como sujeito. Nessa formação, uma sociedade que se diga perfeita não pode considerar a guerra e a escravidão como inevitáveis. A crítica ou o ponto de vista de um enunciador que se revela pelas aspas (embora não possamos conhecer suas palavras): "como a sociedade descrita por Thomas Morus pode ser perfeita, se ela deixa a guerra e a escravidão como coisas naturais?".

> c) A Mauritânia lembra um pouco a Índia, com suas muitas divisões internas raciais e lingüísticas. Uma boa parte da população que vive no vale do rio Senegal é "tukulor" (do francês "tout couleur"), falando o dialeto local, o árabe e o elaborado "fulani", também falado em toda África Ocidental.
> Aqui os escravos, descendentes de gerações de "propriedades" humanas, não recebem salário nem nenhum tipo de educação. Não podem se casar sem autorização nem planejar o futuro dos filhos.

Nas ocorrências de *"tukulor"*, *"tout couleur"* e *"fulani"*, o outro é a palavra estrangeira. Na ocorrência de *"propriedades"*, na expressão *propriedades humanas*, pode-se depreender o ponto de vista de um enunciador que acusa a junção de dois termos, na verdade incompatíveis quanto ao sentido, para formar uma expressão. Na opinião desse enunciador, aquilo que é humano não pode constituir uma propriedade. O locutor responsável (L1) usa a expressão, mas acusa seu estranhamento por meio desse enunciador (E1). L1 assimila-se a E1.

> e) Em 1997, a atenção dos EUA voltou-se novamente para a questão da escravatura, pelo menos em suas "modernas" encarnações.

Novamente aqui o locutor responsável se vale das aspas para usar uma expressão e ao mesmo tempo apontar para uma inadequação do seu uso na formação discursiva em que se constitui como sujeito. Nessa formação, não se admite que uma sociedade moderna escravize o homem, ou seja, a modernidade é incompatível com a escravidão.

PROVÉRBIO

Transcrevemos abaixo um exemplo de heterogeneidade que se mostra pelo recurso da citação de um provérbio, o qual estamos considerando como um enunciador do discurso.

> A mãe de Fatma era "abd" (negro), como sua avó. Ninguém na sua família se lembra de ter algum dia vivido sem servir os árabes que dominam o país. "Deus criou-me para ser escrava exatamente como criou um camelo para ser um camelo", diz ela, com voz calma. (*O Estado de S. Paulo*, 23/11/97)

Em "Deus criou-me para ser escrava exatamente como criou um camelo para ser um camelo", o outro é o discurso de outro locutor (mãe de Fatma). Esse discurso do outro revela, no entanto, um enunciador, que é um provérbio de fundo religioso-fatalista: "Deus criou um camelo para ser camelo". Como vimos, as formações discursivas supõem coletividades de falantes que partilham de um conjunto de enunciados *fundadores*, um verdadeiro tesouro de "sabedoria". A comunidade é o que é graças a essas crenças e verdades. O locutor que cita se transforma, diante desses enunciados, num mero suporte contingente, apagando-se diante do Enunciador Supremo. No caso do nosso exemplo, esse "tesouro de sabedoria religiosa", que é hegemônico, acaba sendo usado pelos senhores a favor da escravidão humana.

MAS

Consideremos o texto abaixo:

> *Isto é*: Qual seria uma lembrança marcante dessa fase de contestação?
> Marieta: Não fui uma adolescente rebelde. Mas dei mais trabalho a minha mãe do que minhas filhas me deram. Sei que muitas vezes a deixei aflita. Não fazia nada demais. Gostava muito de dançar. Ia ao clube e ganhei vários concursos de dança. Namorado meu tinha de saber dançar. Nunca fui uma transgressora, nessa fase dos 15 anos. Era até muito comportada.
> (*Revista Isto É*, 18/3/98)

Trata-se de um trecho de entrevista em que a *Revista Isto É* pergunta à atriz Marieta Severo qual era sua lembrança mais marcante do tempo em que estreou no teatro, fase em que se fazia teatro de contestação no Brasil. A resposta se inicia com a negação do pressuposto de que "os adolescentes nessa época eram rebeldes": "Não fui uma adolescente rebelde". Esse pressuposto pode ser atribuído à figura de um enunciador (E1).

À fala de E1 pode estar associada a toda uma rede de enunciados relativos ao comportamento da juventude da década de 60, em que se romperam muitas barreiras, tabus etc: "Os adolescentes usavam drogas"; "Os adolescentes praticavam o sexo livre"; "Era uma juventude transviada, que gostava de sexo, droga e rock and roll" etc.

Na verdade, a negação do pressuposto "Os adolescentes da década de 60 eram rebeldes" vale como uma adversativa:

"Todo adolescente da década de 60 era rebelde (premissa maior).
Fui uma adolescente da década de 60 (premissa menor).
Mas não fui uma adolescente rebelde" (conclusão não esperada, porque a esperada era: "Logo, fui rebelde").

Podemos atribuir a premissa maior a E1, enunciador de quem conhecemos o ponto de vista, mas não propriamente as palavras; a premissa menor a um subentendido (subentende-se na interlocução que Marieta Severo, hoje com 50 anos, era adolescente na década de 60); e a conclusão não esperada (adversativa) ao Locutor (Marieta Severo).

A seguir, um enunciado com *mas* — "Mas dei muito trabalho a minha mãe" — se contrapõe a "não fui uma adolescente rebelde", enunciado imediatamente anterior. Na verdade, a contraposição de *mas* não é a esse enunciado anterior, mas ao pressuposto: "Adolescente que não é rebelde não dá trabalho à mãe", ou "Somente dá trabalho à mãe aquele adolescente que é rebelde", ou ainda considerando a formação discursiva em questão: "Os adolescentes da década de 60 deram trabalho à mães".

Podemos ver um verdadeiro silogismo:

"Todo adolescente rebelde dá trabalho à mãe (premissa maior).
Não fui uma adolescente rebelde (premissa menor).

Mas dei trabalho à minha mãe" (conclusão não esperada, pois o esperado seria: "Logo, não dei trabalho à minha mãe").

Nessa visão polifônica que nos orienta, podemos atribuir a um enunciador a premissa maior; ao locutor (Marieta), a premissa menor, assim como a conclusão não esperada (adversativa).

HETEROGENEIDADE MOSTRADA E CONSTITUTIVA

Analisamos, a seguir, o texto *Verdades e mentiras sobre a Amazônia*, de José Goldemberg (ver Anexos), procurando enfocar tanto os processos de heterogeneidade mostrada como a constitutiva.

SUJEITOS

O locutor responsável

L1 coincide com o autor do texto, José Goldemberg que, na ocasião dessa publicação, era reitor da USP. Deve-se considerar, pois, que o locutor fala desse lugar.

O alocutário

É o leitor da *Folha de S. Paulo*.

Outro locutor

L2 (*The Economist*): "tesouro genético da floresta (...) pagar por ele".

Essa enunciação de L2 é inscrita pelo locutor responsável, de forma hierárquica (embora do ponto de vista empírico, só exista uma enunciação).

Seria inadequado considerar como locutores "um cientista do Jardim Botânico de Nova York" e a USP, já que o locutor responsável nos faz conhecer suas posições a respeito da questão da Amazônia, mas não suas palavras. Se um cientista do Jardim Botânico de Nova York e a USP "falam" não é propriamente nesse nível da heterogeneidade mostrada.

Enunciadores

Examinaremos mais abaixo a presença de enunciadores inscritos na negação polêmica, nos pressupostos, nas conotações autonímicas marcadas pelas aspas, parênteses etc.

MARCAS DE HETEROGENEIDADE ENUNCIATIVA (HETEROGENEIDADE MOSTRADA)

A negação polêmica

A maior parte dos enunciados negativos pode ser analisada como encenação do choque entre duas atitudes antagônicas, atribuídas a dois enunciadores diferentes: o primeiro assume o ponto de vista rejeitado e o segundo assume a rejeição do ponto de vista. No texto em análise, o enunciado "O Brasil não é dos piores contribuidores do efeito estufa" pode ser considerado um caso de polifonia. A um primeiro enunciador (E1) pode-se atribuir o pressuposto de que o Brasil é dos piores contribuidores do efeito estufa, o que implica que há países que poluem a atmosfera de forma muito mais efetiva do que o Brasil. Esse pressuposto se choca com o posto (dito) de E2, que o Brasil não é dos piores contribuidores, ou seja, que polui a atmosfera de forma efetiva, não ficando a dever aos outros países considerados bons contribuidores. Esse segundo enunciador se assimila ao locutor responsável ou L1.

E1: O Brasil não polui a atmosfera de forma significativa.

E2: O Brasil polui a atmosfera de forma significativa.

L1: assimila-se a E2.

A pressuposição

Em "Criar um novo Nordeste, com seus problemas de seca e de aridez, é a última coisa que o Brasil necessita nas próximas décadas", a primeira parte do enunciado, "Criar um novo Nordeste, com seus problemas de seca e aridez" (o tópico do enunciado) pressupõe que já existe um Nordeste com problemas de seca e aridez (causados pela não preservação de sua mata natural). Um enunciador é responsável pelo pressuposto, "Já existe um Nordeste", e outro pelo posto, "O Brasil não necessita de outro Nordeste".

E1: Já existe um Nordeste com seus problemas de seca e aridez.

E2: Deve-se evitar que o problema de seca e aridez se estenda por outras regiões do país, como a Amazônia.

No nível da heterogeneidade constitutiva, de que se tratará mais abaixo, esses enunciados se inserem em redes e dialogam (opondo-se, referindo-se, tentando modificar etc.) com outras formulações, algumas das quais dominadas pela mesma formação discursiva, outras por formações discursivas antagônicas. Essas formulações se inserem no plano do pré-construído ou "já-dito" e dá ao locutor os objetos do seu discurso.

As palavras entre aspas

As palavras entre aspas são também casos de polifonia, dado que são atribuídas a um outro espaço enunciativo, do qual o locutor responsável quer distanciar-se. Os termos aspeados, "efeito estufa", "papéis", "o meio ambiente", "a dívida pela floresta", são integrados ao discurso de L1, ao mesmo tempo que se mantêm afastados desse, por uma marca de distanciamento, que os remetem a um exterior, ou seja, ao seu contexto de origem (outro discurso, ou outra formação discursiva).

O uso dos parênteses

Também os parênteses podem ser uma marca de polifonia, como em "...são ingênuas as considerações feitas por um cientista do Jardim

Botânico de Nova York. (!)" Os parênteses abrem espaço para um "exterior", ou um outro espaço enunciativo. O ponto de exclamação dentro dos parênteses pode ser atribuído a um enunciador crítico a manifestar sua indignação pessoal a respeito do absurdo de uma situação. No caso, o absurdo é o fato de as considerações *ingênuas* acerca das vantagens do ganho do extrativismo em relação ao ganho no uso da terra terem sido feitas por um cientista do *Jardim Botânico de Nova York*.

Há mais uma ocorrência de parênteses no texto digna de nossa atenção em:

> A dívida, no fundo, é constituída de "papéis" (duplicatas) que dificilmente serão pagos e perdoá-los, em todo ou em parte, não acrescenta dinheiro novo aos países que têm florestas tropicais e que necessitam dele para projetos que conduzam à preservação das florestas.

O outro que os parênteses assinalam é o outro discurso, técnico, a contrastar com "papéis".

A HETEROGENEIDADE CONSTITUTIVA (O NÍVEL DO INTERDISCURSO)

Todo enunciado se insere na intersecção de duas redes de formulações: a) na rede horizontal de outras formulações no intradiscurso de uma sequência discursiva; b) na rede vertical de formulações, algumas das quais dominadas pela mesma formação discursiva (sequências produzidas nas condições de produção homogêneas), outras, às quais o enunciado pode opor-se, referir-se implicitamente ou modificar (produzidas em condições de produção heterogêneas). Esse segundo eixo, vertical, é o do já-construído. Os pré-construídos ou "já-ditos" dão seus objetos ao locutor sob a modalidade de exterioridade e de preexistência discursiva.

O texto em análise é atravessado por mais de um discurso: o da ecologia ou do ambientalismo, o político-econômico dos países do Primeiro Mundo, o político-governamental brasileiro, o da ciência. Todo o esforço de L1 é de trabalhar essa heterogeneidade (ambientalismo, política, economia, ciência) de modo a colocar o discurso sobre a Amazônia num espaço discursivo que possa ser considerado um "contexto correto".

Enunciados do texto que pertencem ao discurso da ecologia ou do ambientalismo: a) "a destruição da Amazônia é apenas um dos muitos atentados à natureza que estão sendo feitos há séculos, e, em particular, nos últimos 50 anos. São os rios e lagos que estão perdidos; é a atmosfera que se tornou irrespirável em várias das grandes cidades do mundo; é o lixo urbano que ocupa depósitos cada vez maiores; é a contaminação radiativa; são os lagos que estão secando devido ao fato de as águas que os alimentam serem desviadas para a irrigação, com a conseqüente destruição de sua fauna e de sua flora. E, finalmente, a destruição das florestas com suas conseqüências bem conhecidas, tanto no plano nacional como internacional".

Esse discurso "verde" constitui sujeitos em muitos países, desenvolvidos e em desenvolvimento, mas pode receber cores locais ("francesas", "canadenses", "brasileiras" etc.). Um dos lemas básicos desse discurso é o "desenvolvimento sustentável", defendido, no Brasil, na Eco 92, que se realizou no Rio de Janeiro. Por "desenvolvimento sustentável" deve-se entender que, se realmente quisermos chegar à sustentabilidade da civilização humana neste planeta, temos de redefinir "progresso" e repensar nossa visão do mundo. Essa é uma questão de sobrevivência. Não basta repensarmos os postulados básicos da economia e também não podemos confiar tão somente no desenvolvimento da tecnologia. Uma instituição defensora desse discurso no Brasil é a Fundação Gaia, com sede em Porto Alegre.

Enunciados que pertencem ao discurso político-econômico do Primeiro Mundo: a) as razões para não se destruir a Amazônia são a preservação da diversidade genética e o uso das plantas da floresta para a preparação de novos medicamentos; b) a Amazônia deve ser transformada num santuário ecológico. Com olhos na Amazônia, movidos por interesses econômicos, países do Primeiro Mundo usam um discurso "desinteressado", "humanitário", para esconder seus reais interesses.

Formulações pertencentes ao discurso de políticas governamentais brasileiras ("equivocadas"): a) "a floresta deve ser cortada e a terra deve ser usada para a agricultura e pastagem". É o discurso de uma política que defende os assentamentos, à custa da derrubada e queimada de enormes extensões de floresta prístina para fazer pastos, ao mesmo tempo em que não há uma política para garantir a sustentabilidade desses assentamentos.

Enunciado pertencente ao discurso das ciências (pesquisa científica): a destruição da Amazônia afetará para pior o clima das regiões vizinhas.

Esses enunciados se inserem em redes verticais, pertencentes ao eixo da memória, do interdiscurso, o que significa que cada um desses enunciados pressupõe muitos outros, aos quais se ligam numa relação de aliança ou contravenção. Cada um desses enunciados institui o seu "outro", podendo ser lido no seu "direito" e no seu "avesso".

Um enunciado como "a destruição da Amazônia é apenas um dos muitos atentados à natureza" (ecologia) está associado a um outro: "em nome do 'progresso' e do 'desenvolvimento' destrói-se o ecossistema" (também da ecologia). Esse enunciado institui, por sua vez, o seu "outro", podendo ser lido no seu avesso: "derrubar as florestas para promover o progresso e o desenvolvimento" (políticas nacionais que promoveram assentamentos por interesses imobiliário-especulativos).

"Regendo" essa diversidade de vozes, muitas das quais conflitantes, L1 pensa colocar o discurso sobre a Amazônia num espaço discursivo "correto" (político, econômico, ambientalista, científico), através das seguintes formulações: a) a destruição da Amazônia não é um caso isolado ou um problema particular do Brasil, mas se inscreve no contexto da destruição ambiental praticada há séculos pelo homem; b) o problema da Amazônia tem dimensões nacionais e internacionais; c) "se o 'tesouro genético da floresta deve ser conservado para o benefício do resto do mundo, então, logicamente, o resto do mundo deveria pagar por ele'"; d) os países que têm florestas tropicais necessitam de dinheiro para a preservação de suas florestas; e) o Brasil, junto com outros países, tem condições de pressionar as grandes potências para conseguir recursos para enfrentar os seus problemas ambientais que têm repercussões internacionais; f) há razões internas (nacionais) para se preservar a Amazônia; g) a destruição da floresta amazônica para loteamento, agricultura ou pastagem é um grande negócio imobiliário-especulativo; h) o solo da Amazônia é frágil e não se presta à agricultura; i) a destruição da floresta Amazônica pode afetar o clima das outras regiões brasileiras; j) a destruição da floresta Amazônica pode transformar o Brasil Central num novo Nordeste.

Cada uma das sequências do texto mantém, portanto, uma dupla relação: uma horizontal, intradiscursiva, com todas as outras sequências, e uma vertical, interdiscursiva, com os enunciados a que se opõem, a que se assimilam, enunciados que são por ela repetidos, negados, parafraseados, modificados etc. pertencentes ao plano de memória de outros discursos.

A constituição desse "discurso correto" sobre a Amazônia, discurso constitutivamente heterogêneo, cujos elementos estão na interdiscursividade, constitui um trabalho de identidade construída na relação com o Outro, ou com os outros discursos, ao mesmo tempo em que se coloca como condição para a busca dessa identidade a independência das pressões internacionais, dos interesses das grandes potências.

CONSIDERAÇÕES FINAIS

Sem termos tido a intenção de oferecer ao professor *técnicas* para o ensino de língua materna na sala de aula, procuramos oferecer uma *reflexão* sobre a linguagem, mais especificamente sobre o funcionamento do discurso, sob a ótica da Análise do Discurso, de modo que essa reflexão venha a enriquecer o trabalho do professor em situação de práticas de ensino de produção de textos. Para ilustrar as reflexões feitas na primeira parte do trabalho, assim como os processos apresentados, incluímos, numa segunda parte, algumas análises de textos nas quais visamos ao conteúdo desenvolvido na primeira parte e a tais processos. Nessas análises, procuramos mostrar a interdependência das práticas de produção de texto e de análise linguística.

Consideramos o momento atual da Análise do Discurso como um momento privilegiado, que favorece os desenvolvimentos teóricos que abordam a questão da heterogeneidade discursiva, categoria que nos dá, em parte, a dinamicidade do processo de construção e reconstrução dos sujeitos e dos sentidos nas práticas discursivas, entre as quais a leitura ocupa um lugar fundamental. Esse momento favorece ainda o desenvolvimento teórico da questão da interação, a qual nos permite superar uma concepção de sujeito centrada no locutor ou no alocutário, e a entender que a constituição dos sujeitos e dos sentidos se dá no espaço discursivo construído pelos sujeitos interlocutores, ou seja, no centro da relação entre locutor e alocutário.

Demos uma ênfase especial à relação entre discurso e subjetividade. Procuramos defender que a determinação histórica de todos os discursos, que cerceia de certa forma as significações e dá uma identidade social àquele que lê, não é absoluta. Assim, ler ou escrever não é reproduzir aquilo que já está predeterminado pelo sistema da língua ou por um mito, uma ideologia ou uma formação discursiva. O aluno, produtor de textos, não alcança sua identidade a partir e no interior de um sistema de lugares fixos, já determinados. Colocar o sujeito como mero portador de um lugar prefixado seria reconhecer que a sociedade absolutamente não precisa de ninguém em particular, e que ela própria não seria senão uma montagem de estruturas. O sujeito humano, pura inutilidade, seria mero portador dessas várias estruturas.

Recusando um modelo monista, fechado, que vê um poder singular e autoritário, que deixa ao sujeito chances muito remotas de se opor àquilo que o aprisiona, procuramos evitar as implicações políticas pessimistas daí decorrentes. Com tal modelo monista, perde-se a possibilidade de resistência política; nenhuma consciência política pode ser alterada, não cabendo aí confrontos com o poder do Estado, nem mesmo em formas aparentemente modestas de resistência. Não se podendo prever a possibilidade de os regimes de poder se transformarem em consequência do realinhamento de suas forças, e não se reconhecendo a natureza mutante do equilíbrio de poder e consequentemente a natureza dinâmica da estrutura social, ou a heterogeneidade das identidades sociais e das estruturas de discurso, cai-se numa causalidade puramente mecânica. Os diversos elementos que constituem essas estruturas são considerados como se não estivessem em permanente estado de tensão entre si. E o pior: anula-se a possibilidade de os sujeitos assumirem posições éticas.

Para tanto, defendemos que o sujeito nunca atende a uma interpelação como um "sujeito total", mas sempre como um sujeito dividido, desejoso e instável, dado que a dimensão imaginária de nosso ser é perfurada e atravessada pelo desejo insaciável, o que sugere um sujeito um tanto mais volátil e turbulento, aberto a uma multiplicidade de sentidos. Daí termos enfatizado a necessidade de a escola sempre expor o aluno a uma diversidade muito grande de textos e discursos e, na análise desse material, deixar sempre aberta a possibilidade para o "outro": outro interlocutor, outro texto, outros sentidos (interditos ou não), outras leituras.

Não quisemos, com isso, negar a interpelação, pois nos parece evidente que somos de fato interpelados. Sejam quais forem as falhas e os limites da postura de Althusser, podemos tirar dela uma lição importante: a ideologia é um veículo indispensável à constituição dos sujeitos. Consideramos, com Pêcheux (1975, p. 157), que o sujeito se constitui pela ideologia na enunciação (no discurso), o que equivale a dizer que ele é sempre o *sujeito do discurso*. Daí defendermos que as práticas de produção de texto são um dos mais importantes modos de produção social das formas de subjetividade.

Tivemos o cuidado de dizer que esse processo de interpelação é bastante complexo e contraditório, não se tratando de uma simples identificação geral, por meio da qual nos submeteríamos a papéis sociais específicos preestabelecidos.

Procuramos explicitar que é com base na heterogeneidade de discursos e na interação entre locutores socialmente situados que se pode deixar aberta uma possibilidade de o sujeito se "desidentificar" com a formação ideológica e com a formação discursiva que o domina, que é uma condição da transformação política.

E dissemos, variadas vezes, que o que se espera da escola é a possibilidade de ela formar sujeitos capazes de identificações e "desidentificações", se de fato ela quiser ser um agente transformador da sociedade e não meramente reprodutor.

ANEXOS

Jogador de futebol mostra como se ganha uma bolada

Primeiro, você tem que entrar para o time da Sulacap. Você contribui todo mês com a quantia que quiser, e participa de vários sorteios mensais, concorrendo a um prêmio de até 6.000 vezes essa quantia.
E no final, sendo sorteado ou não, ainda recebe tudo de volta, com juros e correção. Entre nessa! A Sulacap não joga você pra escanteio

Sulacap

SUL AMERICA CAPITALIZAÇÃO

Todo mês uma bolada

(*O Estado de S. Paulo*, 1/4/89, p. 6)

Cozinheira de forno e fogão ensina como pôr a mão no tutu

A receita é entrar para a Sulacap. Você contribui todo mês com a quantia que quiser, e participa de vários sorteios mensais, concorrendo a um prêmio de até 6.000 vezes essa quantia. E no final, sendo sorteado ou não, ainda recebe tudo de volta, com juros e correção. Experimente! Com a Sulacap, você vai ser um novo rico de mão cheia.

Sulacap

SUL AMERICA
CAPITALIZAÇÃO

Todo mês uma bolada

(*O Estado de S. Paulo*, 1/4/89, p. 8)

Músico de orquestra mostra como tirar uma nota alta

Tem que ser batuta e entrar para a Sulacap. Você contribui todo mês com a quantia que quiser, e participa de vários sorteios mensais, concorrendo a um prêmio de até 6.000 vezes essa quantia.
 E no final, sendo sorteado ou não, ainda recebe tudo de volta, com juros e correção.
Afine com a sorte. Na Sulacap, você sempre ganha uma gaita.

Sulacap

SULAMERICA
CAPITALIZAÇÃO

Todo mês uma bolada

(*O Estado de S. Paulo*, 1/4/89, p. 10)

Relojoeiro ensina como ficar rico de uma hora para outra

Só precisa acertar os ponteiros com a Sulacap. Você contribui todo mês com a quantia que quiser, e participa de vários sorteios mensais, concorrendo a um prêmio de até 6.000 vezes essa quantia. E no final, sendo sorteado ou não, ainda recebe tudo de volta, com juros e correção. Não perca tempo! Na Sulacap, a sua hora chega.

Sulacap
SUL AMERICA CAPITALIZAÇÃO

Todo mês uma bolada

(*O Estado de S. Paulo*, 1/4/89, p. 12)

ATHAYDE E BRIZOLA FALAM DE POPULISMO

Da sucursal do Rio

Ao sair ontem do prédio dos Diários Associados, *no centro do Rio, o candidato do PDT, Leonel Brizola, 67, encontrou-se com o presidente da Academia Brasileira de Letras, Austregésilo de Athayde, 91.*

Brizola (abraçando-o) — Tudo tranqüilo?

Athayde — Tudo tranqüilo? Ou tudo traquinas? Olha, vocês continuando assim eu vou me candidatar e derrotar todos vocês. Tenho 91 anos, mas é do joelho para baixo. Do joelho para cima eu tenho 40. Se eu fosse ministro, colocava ordem na economia em seis meses. Os economistas é que perturbam.

Brizola — Não deixam ninguém ver as coisas que estão no senso comum. É preciso simplificar a vida brasileira.

Athayde — Tem que fazer como minha mãe. Ela trazia no bolso a chave do cofre, a chave do tesouro, e só ela usava.

Brizola — O povo está cansado de carranca, é carente, precisa até de carinho.

Athayde — Seria uma besteira se você, vendo o que aconteceu na Argentina e no Uruguai com o populismo, seguisse o mesmo caminho.

Brizola — A Argentina tem 70 anos de militarismo.

Athayde — Pois é. E o seu patrão, o Getúlio Vargas, me exilou na Argentina por três anos, em 1932.

Brizola — Mas, também, você foi fazer aquela Revolução em São Paulo. Você tirou três anos de exílio, mas eu tirei 15. Foi a única coisa na vida em que venci você.

Athayde — Pois é. E nesses 15 anos você não aprendeu nada. Eu aprendi que em política não se deve fazer inimigos...

Brizola — Mas quando um político (Collor) chama você de "filho da...", como é que eu posso dar a mão a ele?

Athayde — Quando alguém chamar você de "filho da ..." você deve perguntar: "Uai, mas você não é meu irmão?"

(Lula Marques, *Folha de S.Paulo*, 5/7/89)

MOSTRE AMOR E RESPEITO COMO ESPOSA
(fragmento)

A esposa deve ter profundo respeito pelo marido.
Efésios 5:33

Nesta moderna era de independência e "libertação", o conceito tradicional do casamento tem sofrido duros golpes. Milhões de famílias têm de funcionar sem a existência quer de um pai, quer de uma mãe. Viver juntos sem se casar tem sido o costume adotado por muitos. Mas resultou isso em maior segurança para a mulher e mãe? Proveu estabilidade para os filhos? E tem essa ruptura de valores levado a um maior respeito no arranjo familiar? Em contraste, o que recomenda a palavra de Deus?

Ao expressar a sua intenção de criar a primeira mulher, Deus disse: "Não é bom que o homem continue só". E, após observar as famílias dos animais — machos e fêmeas com seus filhotes — os sentimentos de Adão devem ter-se sintonizado com essa declaração. Embora sendo perfeito e vivendo num paraíso satisfatório, faltava a Adão o companheirismo com alguém de sua espécie. Ele fora dotado de inteligência e da capacidade de falar, mas não havia outra criatura de sua espécie com quem pudesse partilhar tais faculdades. Todavia, a situação logo seria diferente, pois Deus disse: "Vou fazer-lhe uma ajudadora como complemento dele"— Gênesis 2:18-20.

Jeová criou a mulher Eva usando como base uma costela de Adão. Desse modo, Eva era da mesma "espécie" que Adão. Não era um animal inferior, mas sim "osso dos [seus] ossos e carne de [sua] carne".

(...) Deus disse que a mulher seria ajudadora e complemento do homem. Visto que eles foram feitos à Sua imagem, Deus esperaria que manifestassem as Suas qualidades — justiça, amor, sabedoria e poder — no seu relacionamento mútuo. Portanto, Eva seria "um complemento", não uma competidora. A família não seria como um navio com dois comandantes rivais, pois a chefia seria exercida por Adão —1 Coríntios 11:3; Efésios 5:22; 1 Timóteo 2:12, 13.

(...) O rei Lemuel recebeu bons conselhos de sua mãe a respeito das qualidades da esposa ideal. (Provérbios 31:1). A descrição que ela fez da esposa ideal e mãe diligente, em Provérbios 31:10-31, merece ser lida com atenção. Obviamente, ela tinha experiência em aplicar os princípios justos de Deus e em mostrar profundo respeito.

Lemuel escreveu que a "esposa capaz" é digna de confiança, fidedigna e leal (Versículos 10-12). *Ela trabalha arduamente para alimentar e cuidar do marido e dos filhos* (Versículos 13-19, 21, 24). *É bondosa e caritativa com os que padecem genuína necessidade* (Versículo 20). *Por seu respeito e boa conduta, contribui para a boa reputação do marido* (Versículo 23). *Não é tagarela, ociosa, nem criticadora destrutiva. Ao contrário, com sua língua ela edifica a cura* (Versículo 26). *Não sendo preguiçosa, a sua casa é limpa e ordeira* (Versículo 27). *(De fato, o lar cristão deve ser um dos mais limpos da vizinhança.) O seu marido e os seus filhos mostram gratidão e a louvam. Os de fora da família também apreciam as suas qualidades* (Versículos 28, 29, 31). *A sua beleza não é superficial; é a beleza de uma mulher temente a Deus, de personalidade piedosa.* (Versículo 30)

(*A Sentinela*, vol. 110, n° 10)

FIM DE VIDA TRADICIONAL AUMENTA SUICÍDIOS
(fragmento do *The Independent*)

Os invernos longos e escuros e os verões curtos, quando o sol quase não se põe, eram mais facilmente suportados pelos esquimós quando eles caçavam e pescavam em harmonia com as estações do ano.

O alto índice de suicídios — que vem subindo a tal ponto que praticamente não passa uma semana sem que alguém se mate por enforcamento ou bala — é atribuído à perda das tradições de um povo orgulhoso e auto-suficiente.

"A transformação da sociedade é rápida demais para alguns e lenta demais para satisfazer as expectativas de outros", diz o epidemiologista Peter Bjerregaard, que pesquisou exaustivamente os altos índices de mortalidade na Groelândia. Embora o suicídio às vezes acompanhe o alcoolismo, raramente está associado à depressão clínica.

"Os jovens se enforcam ou se matam a tiros quando acham que não têm um papel útil a cumprir na sociedade", diz Mikaela Engell, funcionária da área de saúde do governo.

"Não se trata de um pedido de socorro. Antigamente os velhos iam sozinhos morrer nas montanhas quando achavam que haviam deixado de ser úteis". (KB)

(*Folha de S.Paulo*, 4/7/98)

SENHORA DE IPANEMA
(fragmento)

Nelson de Sá
Da Reportagem Local

Graças a Fernanda Montenegro, o país vai deixando de ser sinônimo de Fernando Henrique Cardoso e fracasso econômico, na TV americana.

A atriz foi ao programa de entrevistas de David Letterman, o modelo de Jô Soares, na CBS americana. A CBS reproduziu as legendas.

Apesar de todo o comedimento da atriz, a recepção, o diálogo, a cena inteira lembrou Carmen Miranda.

Ela foi recebida com a música "Fernando", do grupo Abba. O primeiro diálogo:

— Onde você mora?

— Eu moro no Rio de Janeiro, Brasil, América do Sul. Lindo lugar. Com a floresta, as montanhas e as praias. E um povo maravilhoso.

— Você mora na praia?

— Na praia, Ipanema.

— Eu sou a velha Senhora de Ipanema!

Com as risadas que tirou com a piada, a atriz ganhou a platéia e o entrevistador .

(Folha de S.Paulo, 11/02/99)

TEREZA
(Manuel Bandeira)

A primeira vez que eu vi Tereza
Achei que ela tinha pernas estúpidas
Achei também que a cara parecia uma perna.

Quando vi Tereza de novo
Achei que os olhos eram muito mais velhos do que o resto do corpo
(Os olhos nasceram e ficaram dez anos esperando que o corpo nascesse.)

Da terceira vez não vi mais nada
Os céus se misturaram com a terra
E o espírito de Deus voltou a se mover sobre a face das águas.

SAMBA-DESENREDO COM MARCHARRÉ NO SAPATINHO PARA BANDA MOLE, BANDA LARGA, BANDA CURTA E O ESCAMBAU

(fragmento — Antônio Barreto/ Carnaval de 1999)

(Um minuto de silêncio. Marcha fúnebre)

Puxador:
"Ô, Menas Gerais! Ô Menas Gerais!
Ah, se eu pudesse, eu voltava pra trás.
Pro menos virar mais!"
(Apitos. Entra a bateria)

Puxador:
"Devo, não nego, não sou caloteiro.
Mas só lhe pago, quando puder:
Fiquei à toa o ano inteiro.
Agora eu quero é trabalhar de Zé Mané!"

Que mão boba é essa? Tira a mão daí!
Que a banda agora é do FMI.
Que mão boba é essa? Tira a mão daí!
Sapeca lá, que eu sapuco aí!
Tem sapo de fora? Tem! Tem
Moratória?
Tem!
E o Itamar desbancando o Haiti!
Tem mais imposto? Tem! Tem importado?
Não!
E a Tiazinha descascando o abacaxi!
Tem trem de Minas? Trem! Tem real aí?

Tá muito mar o mar de Guarapan.
O home *agora vai dançar de mala preta.*
Que adiantou esses topetes de galã?
Com a inflação na mala do Malan!"

DUELO
(fragmento)

João Guimarães Rosa

...Altos são os montes da Transmantiqueira, belos os seus rios, calmos os seus vales; e boa é a sua gente... Mas, homens são homens e a paciência serve para vão andares, em meados de maio ou no final de agosto. Garruchas há que sozinhas disparam. E é muito fácil arranjar-se uma cruz para as sepulturas de beira de estrada, porque a bananeira-do-campo tem os galhos horizontais, em ângulos retos com o tronco, simétricos, se continuando dos lados, e é só ir cortando, todos, com exclusão de dois. **E quê? O tatu-peba não desenterra os mortos? Claro que não. Quem esvazia as covas é o tatu-rabo-mole. O outro, para que iria ele precisar disso, se já vem do fundo do chão, em galerias sinuosas de bom subterrâneo? Come tudo lá mesmo, e vai arrastando ossadas para longe, enquanto prolonga seu caminho torto, de cuidadoso sapador.**

Bem, quinta-feira de manhã, Turíbio Todo teve por terminados os preparativos, e foi tocaiar a casa de Cassiano Gomes. Viu-o lá à janela, dando as costas para a rua. Turíbio não era mau atirador, baleou o outro bem na nuca. E correu em casa, onde o cavalo o esperava na estaca, arreado, almoçado e descansado.

Nem por sonho pensou em exterminar a esposa (Dona Silivana tinha grandes olhos bonitos, de cabra tonta), porque era um cavalheiro, incapaz da covardia de maltratar uma senhora, e porque basta, de sobra, o sangue de uma criatura, para lavar, enxaguar e enxugar a honra mais exigente.

Agora tinha de cair no mundo e passar algum tempo longe, e tudo estaria muito bem, conseqüente e certo, limpamente realizado, igualzinho a outros casos locais.

Mas... Houve um pequeno engano, um contratempo de última hora, que veio pôr dois bons sujeitos, pacatíssimos e pacíficos, num jogo dos demônios, numa comprida complicação: Turíbio Todo, iludido por uma grande parecença e alvejando um adversário por detrás, eliminara não o Cassiano Gomes, mas sim o Levindo Gomes, irmão daquele, o qual não era metralhador, nem ex-militar e nem nada e, que, por sinal, detestava mexida com mulher dos outros. Turíbio Todo soube do erro, ao subir no estribo. — Ui! ...Galope bravo, em vez de andadura!... — pensou. E enterrou as esporas e partiu, jogando o cascalho para os lados e desmanchando poeira no chão.

Cassiano Gomes acompanhou o corpo do irmão ao cemitério, derramou o primeiro punhado de terra, e recebeu, com muita compostura, entristecido e grato, as condolências competentes. Depois voltou em casa, fechou muito bem as janelas e portas — felizmente era solteiro — e saiu, com a capa verde reiúna, a winchester, a parabellum e outros apetrechos, para procurar o Exaltino-de-trás-da-Igreja, que tinha animais de sela para vender.

Comprou a besta douradilha; mas, antes, examinou bem, nos dentes, a idade; deu um repasse, criticou o andar e pediu uma diferença no preço. Encerrado o negócio, com arreio e tudo, Cassiano mandou que dessem milho e sal à mula; escovaram-na, lavaram-na e ferraram-na de novo.

Já ele pronto, quando estava amarrando a capa nas garupeiras, ainda ouviu o que o Exaltino-de-trás-da-Igreja falou, baixinho, para o Clodino Preto:

— Está morto. O Turíbio Todo está morto e enterrado!... Esta foi a última trapalhada que o papudo arranjou.

"QUE GOVERNO FEZ MAIS?", DIZ FHC OITO VEZES

Com as pesquisas de opinião identificando o adversário Luís Inácio Lula da Silva como o candidato de maior preocupação social, o presidente FHC usou ontem a festa dos quatro anos de real para fazer uma grande prestação de contas de tudo o que o seu governo fez na área.

FHC chegou a chamar de demagogos os que dizem que "o governo não olha pelo social". Disse que essas críticas eram "frases de efeito", "retórica dos anos 50". Dos anos 50, emendou, "nós temos saudade dos índices de inflação — retomamos (esses índices)". A previsão é que a inflação de 98 fique entre 3% e 4%.

Depois de citar todas as medidas adotadas no seu governo, FHC propôs "uma espécie de novo pacto social", a flexibilização dos contratos de trabalho para gerar mais empregos e elegeu os investimentos em infra-estrutura como novo símbolo do Plano Real.

Ele disse que o país passou dos "regimes autoritários aos regimes democráticos", numa espécie de pacto difuso, sem necessidade de formalização de um pacto político. "Para passarmos à nova sociedade, precisamos de algo mais, precisamos de um comprometimento mais efetivo da sociedade do governo e da cidadania".

Tudo isso, na visão do presidente, para construir "uma grande nação" e não mais uma "potência". O conceito de potência, disse, "foi em outra época".

"Grande nação é um país no qual o povo se sente feliz, participante, no qual pode ser mobilizado, no qual não se nega ao povo informação, nem os problemas." "Estamos aqui mencionando fatos, e contra fatos não há retórica", disse FHC ao tratar dos investimentos na área social, depois de abrir o discurso lembrando que o real tirou da pobreza 13 milhões de brasileiros.

O presidente citou como vitórias sociais o crescimento da "universalização do acesso à escola primária", o "novo ímpeto" que o ministro José Serra levou para a saúde e o trabalho dos agentes comunitários e os programas de médicos que dão assistência na casa dos pacientes.

FHC usou a frase "Que outro governo fez mais?" oito vezes. E disse três vezes que a população de baixa renda ganhou com o real.

Após eleger no primeiro ano o frango como símbolo do sucesso do real, o iogurte e os eletrodomésticos no segundo ano e a dentadura no terceiro, FHC apontou ontem as mudanças na infra-estrutura do país como símbolo do quarto aniversário.

(Renata Giraldi e William França - *Folha de S.Paulo* - 2/7/98)

NA HORA DA TREVA, A LUZ VEIO DOS RADIALISTAS

Milhões de brasileiros haverão de se lembrar de quinta-feira da semana passada, quando foram apanhados pelo maior apagão da história do fornecimento de energia elétrica no país.

Durante as três horas de escuridão, foi decisiva a contribuição dos radialistas para a manutenção da ordem e da calma das grandes cidades afetadas. Transformadas no principal vínculo das comunidades, foram eles, com a ajuda dos ouvintes, que conseguiram dar à população um quadro do que estava acontecendo.

Em cidades onde os nomes de ruas são dados a pessoas que em geral pouco fizeram pelos outros, pouco custaria às Câmaras Municipais que dessem a um pedaço de chão o nome de "Radialistas de 99". Recordariam um bom momento da vida do país.

Se alguém acha que eles apenas cumpriram sua obrigação, registre-se que o excelentíssimo senhor ministro de Estado de Minas e Energias, doutor Rodolfo Tourinho, só deu o ar de sua graça quando o apagão tinha acabado. Não foi capaz de dizer uma só palavra para orientar a população. Num momento de profunda reflexão, informou que "um blecaute pega de surpresa em qualquer parte do mundo".

Certíssimo. Pega de surpresa todas as pessoas que pagam as contas de luz para receberem energia. Já aquelas que recebem salários para fazer com que a energia chegue à turma do "paganini" são remuneradas para se surpreender um pouco menos. Um ministro de Minas e Energia, por exemplo, pode ter algo a dizer, com presteza e sem banalidades. O doutor Tourinho foi ao ar para dizer que a luz estava voltando. Talvez ele descubra que não é necessário esperar a palavra do ministro de Minas e Energia para perceber que uma lâmpada apagada está acesa.

Ainda assim, Tourinho não foi o dono da noite. O "Troféu da Treva" vai para o presidente de Furnas. Ainda havia luzes apagadas, mas o doutor Luiz Laércio Simões Machado, já em casa, dizia o seguinte:

"A imprensa ajuda mais que a gente. (A imprensa ficou com a responsabilidade de ajudar, porque "a gente" não fez coisa alguma). **Não é anormal a queda de energia.** (Anormal é o presidente de Furnas dizer que um apagão desse tamanho pode ser normal.)

(Folha de S.Paulo, 14/3/99)

ESCRAVAGISMO

a) Na Mauritânia, especialmente, dadas as imensas distâncias que preservam os costumes e as diferenças étnicas que marcavam os estratos sociais, os horrores da escravidão foram "banalizados" e sua injustiça aceita quase sem contestação.

b) Houve tempo em que na Europa não era diferente. Thomas Morus, no seu retrato de uma "sociedade perfeita", elimina de sua utopia todos os males que sempre envenenaram a convivência social humana, mas deixa a guerra e a escravidão, como se as considerasse naturais ou inevitáveis.

c) A Mauritânia lembra um pouco a Índia, com suas muitas divisões internas raciais e lingüísticas. Uma boa parte da população que vive no vale do rio Senegal é "tukulor" (do francês "tout couleur"), falando o dialeto local, o árabe e o elaborado "fulani", também falado em toda África Ocidental.
Aqui os escravos, descendentes de gerações de "propriedades" humanas, não recebem salário nem nenhum tipo de educação. Não podem se casar sem autorização nem planejar o futuro dos filhos.

d) Perguntem a Fatma Mint Mamadou quantos anos ela tem. A mulher mauritana baixará timidamente os olhos: ela não sabe quando nasceu (...). Perguntem-lhe se ela e as outras meninas que cresceram num povoado da afastada região de Bratna foram alguma vez estupradas. Ela ficará toda embaraçada e suas feições se tornarão duras. Finalmente Fatma responde, como se fosse a coisa mais natural do mundo: "Naturalmente, eles costumavam vir de noite quando precisavam fazer a gente reproduzir. É isso que vocês chamam de estupro?"

e) Em 1997, a atenção dos EUA voltou-se novamente para a questão da escravatura, pelo menos em suas "modernas" encarnações.

f) "Este é o ideal de uma sociedade escrava, uma sociedade na qual os escravos são totalmente submissos, uma sociedade na qual tanto escravos como senhores aceitam a escravidão como normal", disse Boubacar Ould Messoud, fundador da SOS-Esclave, grupo clandestino da Mauritânia.

(Trechos publicados em O Estado de S. Paulo, de 23/11/97: "Escrava Fatma não sabe o que é liberdade"; "Escravagismo, o mal que teima permanecer no mundo".)

VERDADES E MENTIRAS SOBRE A AMAZÔNIA

José Goldemberg

Numa mesma semana, o Brasil ganhou a duvidosa notoriedade de aparecer como matéria de capa de duas das mais importantes revistas internacionais: a Time, *americana, e o* The Economist, *inglesa. O tema: Amazônia!.*

A reportagem da Time *tem uma característica curiosa: ela se refere toda a acontecimentos do último ano e dá a impressão nítida de reciclagem de publicações anteriores, nenhuma pesquisa ou informação nova, mas a repetição das afirmações desastradas dos senadores americanos que visitaram o país há mais de seis meses.*

Já o trabalho da The Economist *se divide em duas partes distintas: um editorial, no número de 9/9, bastante infeliz, com o título "O mês em que a Amazônia queima", em que a preservação da diversidade genética e o uso das plantas da floresta para a preparação de novos medicamentos são apresentados como as grandes razões para não destruí-la. Isso se deve a uma visão paroquial das coisas: uma empresa inglesa começou a comercializar, em pequena escala, perfumes preparados a partir de plantas da floresta tropical e sorvetes com sabores típicos.*

No seu número anterior (de 2/9), contudo, a The Economist *publicou um caderno especial sobre o "meio ambiente", que é um dos melhores trabalhos jornalísticos sobre o assunto. Nele os problemas da Amazônia aparecem dentro do seu contexto correto, que é o seguinte: a destruição da Amazônia é apenas um dos muitos atentados à natureza que estão sendo feitos há séculos, e, em particular, nos últimos 50 anos. São os rios e lagos que estão perdidos; é a atmosfera que se tornou irrespirável em várias das grandes cidades do mundo; é o lixo urbano que ocupa depósitos cada vez maiores; é a contaminação radiativa; são os lagos que estão secando devido ao fato de as águas que os alimentam serem desviadas para a irrigação, com a conseqüente destruição de sua fauna e de sua flora. E, finalmente, a destruição das florestas com suas conseqüências bem conhecidas, tanto no plano nacional como internacional.*

O interesse internacional em torno da Amazônia tem um componente de hipocrisia muito grande quando se restringe à idéia de transformá-la num santuário ecológico; nas palavras do The Economist *se o "tesouro genético da floresta deve ser conservado para o benefício do resto do mundo, então, logicamente, o resto do mundo deveria pagar por ele".*

Trocar a "dívida pela floresta", que é uma das idéias em voga para resolver o problema, não parece ser nenhuma solução, a não ser em pequena escala. A dívida, no fundo, é constituída de "papéis" (duplicatas) que dificilmente serão pagos e perdoá-los, em todo ou em parte, não acrescenta dinheiro novo aos países que têm florestas tropicais e que necessitam dele para projetos que conduzam à preservação das florestas.

No caso da Amazônia, é verdade que políticas governamentais equivocadas encorajaram a sua destruição: elas simplesmente partiram da hipótese que a floresta poderia ser cortada e a terra usada para agricultura e pastagens. Isso ocorreu de fato no Paraná, no passado, mas não se aplica à floresta amazônica com seu solo frágil. Apesar disso, muita gente enriqueceu com os subsídios da Sudam, e o loteamento e destruição de parte da floresta amazônica é no fundo um grande negócio imobiliário-especulativo, em que o ganho imediato tem prioridade sobre a sustentabilidade da ocupação da terra. Se o projeto subsidiado dá certo ou não, é secundário. É por essa razão que são ingênuas as considerações feitas por um cientista do Jardim Botânico de Nova York (!), que demonstrou que o extrativismo pode render US$ 9 mil por hectare por ano, enquanto o uso da terra como pasto renderia apenas US$ 3 mil por hectare. Isso até pode ser verdade, mas ignora a questão central de que com pastagens um dono pode explorar grandes extensões de terra e um grande número de empregados, enquanto o extrativismo não se presta bem a esse tipo de exploração.

Finalmente, há o problema do "efeito-estufa", com suas dimensões internacionais, para o qual a queima da floresta tem contribuído cerca de 5% todos os anos, devido ao dióxido de carbono que lança na atmosfera.

O Brasil não é dos piores contribuidores do efeito estufa, mas num acordo internacional para limitar as emissões de carbono poderia representar um papel importante. Aliás não só o Brasil como China (grande consumidora de carvão) e a Índia têm condições de pressionar, juntos, as grandes potências e conseguir recursos para enfrentar os seus problemas ambientais que têm repercussões internacionais.

Em suma, o problema da Amazônia tem dimensões nacionais e internacionais, e o governo tem razões para responder de forma diversificada diante deles. Não há dúvida porém que, independentemente de pressões indevidas, há fortes razões internas para preservar a Amazônia, mesmo porque, a continuar a sua destruição no ritmo dos últimos anos, o clima das regiões vizinhas — sobretudo do Brasil Central — será afetado para pior, como foi demonstrado em recente seminário sobre a Amazônia realizado na USP.

Criar um novo Nordeste, com seus problemas de seca e de aridez, é a última coisa que o Brasil necessita nas próximas décadas.

(Folha de S.Paulo, 17/8/89)

REFERÊNCIAS

ALTHUSSER, L. *Ideologia e aparelhos ideológicos de Estado*. Lisboa, São Paulo: Presença-Martins Fontes, 1974 (trad. de *Idéologie et appareils idéologiques d'État*, 1970).

ARNAULD E LANCELOT. *Gramática de Port-Royal*. São Paulo: Martins Fontes, 1612-1694 (trad. de *Grammaire générale et raisonée*, 1992).

AUTHIER-REVUZ, J. "Hétérogénéité montrée et hétérogénéité constitutive: éléments pour une approche de l'autre dans le discours". *DRLAV 26*. Paris, 1982, p. 91-15.

_____. "Hétérogénéité(s) énonciative(s)", *Langages*, n. 73, 1984, p. 98-109,

BAKHTIN, M. *Marxismo e Filosofia da Linguagem*. 4. ed. São Paulo: Hucitec, 1988 (trad. bras. com base na trad. francesa, de 1977, do original russo de 1929).

BENVENISTE, E. *Problemas de lingüística geral II*. Campinas: Pontes, 1989 (trad. bras de *Problèmes de linguistique générale II*, 1974).

CHOMSKY, N. *Aspects of the theory of syntax*. Cambridge, Mass: The M.I.T.Press, 1965.

_____. *Lectures on government and binding*. Dordrecht: Foris, 1981.

COURTINE, J. J. "Analyse du discours politique (le discours communiste addressé aux chrétiens)". *Langages 62*. Paris, Dedier-Larousse.

_____. JEAN-JACQUES & MARANDIN, Jean-Marie. "Quel objet pour l'analyse du discours?" *Matérialités discursives*, Presses Universitaires de Lille, 1981.

DUCROT, O. *Princípios de semântica lingüística*. São Paulo: Cultrix, 1977 (trad. de *Dire et ne pas dire*, 1972).

_____. *O dizer e o dito*. Campinas: Pontes, 1987 (trad. de *Le dire et le dit*, 1984).

_____."Argumentação e 'topoi' argumentativos". *História e sentido na linguagem*. Campinas: Pontes, 1989, p. 13-38.

EAGLETON, T. *Ideologia. Uma Introdução*. São Paulo: UNESP, 1997 (trad. de *Ideology. An Introduction*, 1991).

FOUCAULT, M. *A arqueologia do saber*. 3. ed. Rio de Janeiro: R. J. Forense-Universitária, 1987. (trad. de *L'archéologie du Savoir*, 1969).

_____. *L'Ordre du discours*. Paris: Gallimard, 1971.

GADET, F. & HAK. T. (orgs.) *Por uma análise automática do discurso. Uma introdução à obra de Michel Pêcheux*. Campinas: UNICAMP, 1990 (trad. bras. de *Towards an automatic discourse analysis*).

GERALDI, J. W. et alii. "Lingüística, ensino de língua materna e formação de professores". *D.E.L.T.A.* v. 12, n. 2, 1996, p. 307- 326.

HALLIDAY, M. A. K. *Explorations in the functions of language*. London: Edward Arnold, 1973.

_____. & Hasan. Cohesion in English, London: Longman, 1976.

HAROCHE et alii. "La sémantique et la coupure saussuriense: langue, langage, discours". *Langages 24*. Paris: Didier-Larousse, 1971.

JAKOBSON, R. "Linguistique et poétique". *Essais de linguistique générale*. Paris: Ed. Minuit. 1963, p. 209-48.

KLEIMAN, Angela. *Texto e leitor: aspectos cognitivos da leitura*. Campinas: Pontes, 1989.

LACAN, Jacques. *Escritos*. São Paulo: Perspectiva, 1978 (original de 1966).

LEMLE, M. "Heterogeneidade dialetal: um apelo à pesquisa". *Sociolingüística e ensino do vernáculo*. Rio de Janeiro: Tempo Brasileiro, 1978.

MAINGENEAU, D. *Genèses du discours*. Bruxelles: Mardaga, 1984.

_____. *Novas tendências em análise do discurso*. Campinas: Pontes, 1989 (trad. bras. de *Nouvelles tendances en analyse du discours*, 1987).

_____. *O contexto da obra literária*. Campinas: Pontes, 1995 (trad. bras. de *Le contexte de l'oeuvre littéraire*, 1993).

_____. *Elementos de lingüística para o texto literário*. São Paulo: Martins Fontes, 1996 (trad. bras. de *Éléments de linguistique pour le texte litéraire*, 1990).

ORLANDI, Eni, P. *A linguagem e seu funcionamento*. São Paulo: Brasiliense, 1983.

_____. Guimarães, E. R. J. "Unidade e dispersão: uma questão do texto e do sujeito". *Cadernos PUC*. São Paulo, 1986.

PÊCHEUX, M. *Analyse Automatique du discours*, Paris: Dunod, 1969.

_____. *Semântica e discurso: uma crítica à afirmação do óbvio*. Campinas: UNICAMP, 1988 (trad. de *Les Vérités de la Palice*, 1975).

_____. "A análise de discurso: três épocas", reproduzido In: *Por uma análise automática do discurso — uma introdução à obra de Michel Pêcheux*, Campinas: UNICAMP, 1990 (trad. bras. 1983).

_____. *O discurso: estrutura ou acontecimento*. Campinas: Pontes, 1990 (trad. de *Discours: structure or even*, 1983).

_____. & FUCHS, C. "Mises au point et perspectives à propos de l'analyse du discours". *Langages 37*, 1975, p. 7-79.

SAUSSURE, F. de. *Curso de lingüística geral*. 3. ed, São Paulo: Cultrix, 1971. (trad. de Cours de linguistique générale, 1916).

Este livro foi composto em tipologia Palatino e impresso
em papel Off Set 75 g/m² na Gráfica Forma Certa.